ENCANTOS DO BRASIL
XILOGRAVURA E CULTURA POPULAR

Editora Appris Ltda.
1.ª Edição - Copyright© 2019 do autor
Direitos de Edição Reservados à Editora Appris Ltda.

Nenhuma parte desta obra poderá ser utilizada indevidamente, sem estar de acordo com a Lei n° 9.610/98.
Se incorreções forem encontradas, serão de exclusiva responsabilidade de seus organizadores.
Foi realizado o Depósito Legal na Fundação Biblioteca Nacional, de acordo com as Leis nos 10.994, de 14/12/2004, e 12.192, de 14/01/2010.

Catalogação na Fonte
Elaborado por: Josefina A. S. Guedes
Bibliotecária CRB 9/870

L732e 2019	Lima, Pedro de Encantos do Brasil: xilogravura e cultura popular / Pedro de Lima - 1. ed. - Curitiba: Appris, 2019. 158 p.: il. ; 27 cm (Artêra) Inclui bibliografias ISBN 978-85-473-2625-8 1. Brasil – Cultura. 2. Brasil – História. I. Título. II. Série.

CDD – 981

Livro de acordo com a normalização técnica da ABNT

Editora e Livraria Appris Ltda.
Av. Manoel Ribas, 2265 – Mercês
Curitiba/PR – CEP: 80810-002
Tel: (41) 3156 - 4731
www.editoraappris.com.br

Printed in Brazil
Impresso no Brasil

Pedro de Lima

ENCANTOS DO BRASIL
XILOGRAVURA E CULTURA POPULAR

FICHA TÉCNICA

EDITORIAL	Augusto V. de A. Coelho
	Marli Caetano
	Sara C. de Andrade Coelho
COMITÊ EDITORIAL	Andréa Barbosa Gouveia (UFPR)
	Jacques de Lima Ferreira (UP)
	Marilda Aparecida Behrens (PUCPR)
	Ana El Achkar (UNIVERSO/RJ)
	Conrado Moreira Mendes (PUC-MG)
	Eliete Correia dos Santos (UEPB)
	Fabiano Santos (UERJ/IESP)
	Francinete Fernandes de Sousa (UEPB)
	Francisco Carlos Duarte (PUCPR)
	Francisco de Assis (Fiam-Faam, SP, Brasil)
	Juliana Reichert Assunção Tonelli (UEL)
	Maria Aparecida Barbosa (USP)
	Maria Helena Zamora (PUC-Rio)
	Maria Margarida de Andrade (Umack)
	Roque Ismael da Costa Güllich (UFFS)
	Toni Reis (UFPR)
	Valdomiro de Oliveira (UFPR)
	Valério Brusamolin (IFPR)
ASSESSORIA EDITORIAL	José Bernardo dos Santos Jr.
REVISÃO	Pâmela Isabel Oliveira
PRODUÇÃO EDITORIAL	Lucas Andrade
ASSISTÊNCIA DE EDIÇÃO	Renata Policarpo
DIAGRAMAÇÃO	Andrezza Libel
CAPA	Fernando Nishijima
COMUNICAÇÃO	Ana Carolina Silveira da Silva
	Carlos Eduardo Pereira
	Igor do Nascimento Souza
LIVRARIAS E EVENTOS	Milene Salles	Estevão Misael
GERÊNCIA COMERCIAL	Eliane de Andrade
GERÊNCIA DE FINANÇAS	Selma Maria Fernandes do Valle

*Para a companheira, Antoniêta.
Às filhas, Mariana, mãe de Luísa,
e Joana, agradecido de sua ajuda.*

*Minha neta,
minhas filhas,
minha flor.
Minhas pretas,
minha vida,
meu amor.*

Natal, junho de 2017.

PREFÁCIO

Encantos do Brasil é um livro sobre o silêncio. Um silêncio ornado de palavras sussurradas de uma geração a outra, de modo a habitarem a memória. Uma memória que feito coivara ainda queima os pés da modernidade em sua intenção permanente de *desencantamento do mundo*. Ela esfumaça o mundo que se diz pós-moderno, em seu esforço de esvaziar o sentido do passado ao relativizar sobremaneira o presente. Foi essa a impressão que me ficou xilogravada no pensamento, ao findar a leitura deste livro. O autor, Pedro de Lima, arquiteto com olhar de historiador, tomou para si o ato de rememorar e escreveu *Encantos do Brasil* para fazer falar o silêncio, em seu esplendor, como um grito que se solta ao vencer da luta, ou por nunca tê-la abandonado no contínuo de uma estrada povoada de conflitos, como é próprio do campo da cultura, em que trafega a cultura popular.

Impelida pela preocupação do autor com a cultura popular como tradição que se transmite e se transmuda, quedei a pensar por que a relação do presente com o passado e com a memória é tão importante para nós. A cultura popular é aqui tratada na sua significação de transmissão do passado, que cabe ao presente acolher ao reencontrá-lo. Supera a noção de cultura como bens acumulados, reificados em objetos de consumo, perpetuados em relações fetichistas, que caracterizam as relações de posse e de acumulação. A cultura em sua transmissão é um vir-a-ser, em uma relação viva de transformação. É nesse sentido que, na sua dinâmica própria de se refazer, as tradições culturais populares são portadoras de elementos presentes na História.

Pedro de Lima nos revela a tradição como o passado que continua a agir no presente, dada a sua qualidade de transmitir saberes e conhecimentos que continuam vivos, ainda que encoberto, no presente. Abre-se, com as narrativas contidas neste livro, a possibilidade de que a tradição seja pensada como transmissão, em um processo histórico em que a perseverança das lutas retratadas pela história dos povos oprimidos, em sua existência e sua cultura, ressurja do passado e alcance o nosso presente. Os saberes da tradição popular não nos chegam de modo neutro, pois o que se constitui por meio da tradição é de fato a tradução de conflitos culturais que sujeitam ao desaparecimento as culturas populares, a cultura como tradição. Desaparecimento esse condicionado, de certo, à extinção das condições de possibilidade para sua transmissão e à morte de seus protagonistas.

Aparentemente fragmentadas pela diversidade própria do tema abordado, Pedro de Lima constrói o elo que liga as histórias rememoradas ao se guiar pela noção de tradição como um elemento dinâmico. As tradições populares inscrevem-se na História, imprimem os sentidos do passado, no presente, na medida em que resistem a revelar modos de ser, de existir. As histórias aqui narradas são verdade existida, estão assim postas a nos desafiar a perceber o traçado de sua unidade, no sentido mesmo de serem parte de um todo, constituindo uma totalidade. A totalidade da qual somos parte e ao mesmo tempo nos auxilia na compreensão sobre quem somos nós, nascidos brasileiros.

Rememorar aquilo de que lembramos, ou nos foi lembrado, põe-nos também diante do que foi esquecido. Assim, lembrar e esquecer são parte da ação de escrever a História. A atividade de rememorar não é ato solitário; legitima-se por encontrar testemunhos. Requer, pois, o encontro, o tempo do encontro, a presença do outro, que compartilha o reconhecimento da memória narrada.

É assim que o ato de rememorar pressupõe o tempo da experiência, esse tempo lento que a modernidade teima em engolir.

Encantos do Brasil conduz-nos a um encontro marcado com nossos antepassados e nos deixa a tarefa de escrever um horizonte nas próprias mãos, como também a considerar que a História não pode ser esquecida impunemente. Das culturas populares, na tradição transmitida, não se está a ver a *beleza do morto,* como quiseram alguns ao imaginar a cultura popular tradicional povoada de fatos exóticos, negros exóticos, índios exóticos, comidas exóticas, danças e celebrações incomuns. Os intelectuais mais respeitados não tardaram a identificar nesse exotismo sinais tênues de nossas origens identitárias, a carecer de preservação, de conservação, em lugares próprios, como museus, e protegidos por legislações patrimoniais da cultura, material e imaterial.

Preservar e valorizar as tradições culturais populares tem outro sentido para Pedro de Lima – tem o sentido vivo de se resguardar na memória o que dá sentido para a História. Daí porque a relação do presente com o passado e com a memória é tão importante para nós. Tudo o que se refaz, incluindo as tradições e as práticas de cultura popular, serve ao não esquecimento, imprime significado ao presente para não desaparecer da História o seu sentido. De certo mestre Antônio Aniceto, da Banda Cabaçal do Crato, tinha razão ao me confabular uma resposta à minha pergunta sobre a permanência da tradição: "*Minha filha, para continuar, tudo tem que mudar.*"

Aos folcloristas, esses desbravadores, corajosos, pensando que seus atos e seus esforços estão a resguardar um tesouro a ser preservado, devemos o nosso respeito. Não impediram a transformação das tradições na sua dinâmica de permanência e continuidade – um aparente paradoxo –, mas nos deixaram valioso acervo registrado acerca da diversidade de expressões das tradições culturais populares. De olhos abertos, Pedro de Lima recolheu desse acervo escolhidos encantos, povoando de sentidos as histórias capituladas em seu livro.

As histórias narradas afirmam da cultura popular sua resistência, mediada, no mais das vezes, pela memória. As cinzas da coivara da memória nos terrenos da História queimam indefinidamente, estalam nas vozes em coro, a cantar o recontar de uma resistência que não descansa diante da dívida histórica com a memória sussurrada, um legado transmitido entre gerações a afirmarem um lugar na modernidade. É o lugar da diversidade, da cultura no plural, do direito à cultura como o direito de ser e de expressar costumes próprios de cada *comunidade de narradores*, do direito à história, à escrita de sua história.

O lugar das tradições na modernidade perpassa a luta no âmbito da cultura, a luta pela existência, pela possibilidade de trocas, de apropriações, de assimilação do novo, assim como o direito ao esquecimento, às transformações dos meios de expressão. Perpassa, sobretudo, a luta pela verdade e pelo reconhecimento das mais variadas formas de opressão e de expropriação, as quais a história oficial por muito tempo tentou omitir. É preciso enfrentar, com a verdade, a construção da dualidade entre cultura popular e cultura erudita, entre tradição e modernidade, como fatores excludentes na escrita da História. Naturalizar a desigualdade parece encontrar sua justificativa no reconhecimento das diferenças culturais e sociais. A ética presente na transmissão da memória e no reconhecimento do seu papel para a escrita da história encontra-se anunciada no modo como Pedro de Lima relaciona as histórias rememoradas e seu sentido social e cultural. Elas estão ancoradas na necessidade de emancipação e de lealdade com o relato e a interpretação da história, comprometida com a verdade, no sentido de revelação ou, ainda, de desvendamento do que não se percebe ao primeiro olhar.

Novamente o silêncio impressiona-me em *Encantos do Brasil*. Dessa vez, como ausência de palavras. Pedro de Lima, o artista, põe à porta de entrada de cada história escrita sua obra talhada, xilogravada – as mandalas. Mandalas são histórias desenhadas. Traços da arte de representar simbologias, etnias, costumes, situações, sentimentos, tudo a doar um sentido ao movimento da história ali representada. Um movimento perene, de criação. A arte torna-se, aqui, uma linguagem acrescida que nos impele ao sentimento.

O leitor está livre para deter-se a fruir as simbologias contidas nas mandalas criadas pelo autor como parte integrante do texto narrado, como porta de entrada à cada história narrada. Porém, como é próprio da arte abrir caminhos, ampliar liberdades, tecer um vir-a-ser, humanizar os sentimentos, sustentar processos formativos, aprimorar percepções, ampliar visões de mundo, aceite abrir a porta ao convite das mandalas. Adentre-se, leitor, nas histórias e verá que se trata de um encontro marcado com o passado e com a cultura, não como uma relação de posse, mas sim uma relação viva, atribuída de sentido, a gerar encantos e a provocar a necessidade do reencontro, esse que nos ajuda a viver.

Prof.ª Dr.ª Lúcia Helena de Brito

Universidade Estadual do Ceará
Fortaleza, março de 2017

SUMÁRIO

INTRODUÇÃO 13

RUPESTRE 21

MARAJOARA 27

MUIRAQUITÃ 37

PINDORAMA 43

XINGU 49

QUARUP 55

AFRICANA 61

ORIXÁS 69

VAQUEIROS 75

COUROS 81

BUMBA MEU BOI 87

MARACATU 95

FESTA DO DIVINO 105

REISADO 115

LENDAS BRASILEIRAS 121

BILROS E RENDAS 129

CORDEL 133

PAVÃO MISTERIOSO 139

JUNINA 145

CARNAVAL 151

INTRODUÇÃO

Publico neste livro uma série de xilogravuras que abordam algumas narrativas, folguedos e personagens da cultura brasileira. Para cada xilogravura, há um texto que discorre de forma sucinta sobre o tema abordado. Com este livro, gostaria de colocar o leitor em contato com uma parte do amplo e variado universo da cultura popular brasileira. A intenção é divulgar e trazer ao debate essas formas de expressão cultural que, com a constante modernização, transformam-se e são passíveis de desaparecer.

A xilogravura se notabilizou, principalmente, por meio da chamada literatura de cordel. Tanto a produção de xilogravura quanto a edição do folheto de cordel têm sido associadas a um modelo de gráfica, cuja tecnologia, há muito, foi superada por outras formas de impressão mais sofisticadas. As antigas prensas, prelos e mesmo a tinta tipográfica, que tornavam a xilogravura uma arte acessível a muitas pessoas, hoje são coisas raras no mercado. Existem lojas especializadas que vendem instrumentos, papéis e tintas para um público restrito, de maior poder aquisitivo.

Outros indícios dessa mudança encontrar-se-iam nas ilustrações das capas dos folhetos de cordel, feitas com base em fotografias e em outros processos ainda mais modernos e nos textos impressos eletronicamente nas chamadas *gráficas rápidas*.

Embora essas mudanças restrinjam a confecção de xilogravuras no âmbito da arte popular, ainda assim elas continuam existindo. Todavia somente uma observação mais sistemática poderia avaliar o tamanho dessa restrição.

Assim como a xilogravura, diversas manifestações da cultura popular também lutam para sobreviver. Os processos de modernização da sociedade, constantes e cada vez mais rápidos, transformam os ambientes e as relações sociais que estão na base dessas manifestações populares. Muitas só sobrevivem com o apoio de instituições públicas e privadas. Tal como as capas dos folhetos de cordel, esses folguedos e narrativas populares submetem-se a muitas transformações para conseguirem sobreviver.

Portanto, além da divulgação, que contribui para os processos de identificação da população com os elementos que constituem a sua cultura, este livro também pretende contribuir para o conhecimento, a preservação e a valorização dessas manifestações que estão entre as nossas riquezas culturais.

Concebi esta série de xilogravuras explorando as possibilidades formais que as mandalas e os azulejos portugueses oferecem.

As mandalas originaram-se na Índia, por volta do século VIII A.C. Trata-se de uma forma de desenho portadora de muitos significados. Como um círculo mágico e ritual, em forma de diagrama geométrico, elas teriam algum poder de encantamento, de integração e harmonia. Entretanto não busquei nas mandalas as suas conotações simbólicas e místicas.

A arte da azulejaria foi introduzida em Portugal quando os árabes conquistaram a Península Ibérica, em 711. Ela desenvolveu-se a partir da arte milenar dos mosaicos persas e árabes. Trazidos para o Brasil, os azulejos, desde o Período Colonial, ornamentam as paredes internas e externas das construções em Belém do Pará e São Luís do Maranhão, e outras localidades. Sua concepção, em diversas composições geométricas, expressa uma grande variedade de temas, com narrativas históricas, além de elementos figurativos inspirados na fauna e na flora.

Tanto as mandalas quanto os azulejos são desenhados como formas geometrizadas. Essas formas se mostram eficazes para a construção de estruturas circulares, concêntricas e articuladas, com a repetição e o entrelaçamento de elementos simétricos ou não. Foram essas qualidades formais que me atraíram nas mandalas e nos azulejos.

Tendo por base esses elementos formais, trabalhei as possibilidades gráficas contidas nas imagens de origem africanas e indígenas, além da expressiva quantidade de motivos e elementos gráficos presentes nos folguedos populares e nas lendas brasileiras.

Depois que gravei as primeiras matrizes (as tábuas gravadas e prontas para a impressão), assumi o propósito mais sistemático de abordar aspectos específicos da história cultural e popular do Brasil. Desse modo, além dos folguedos com elementos culturais africanos, indígenas e europeus, também considerei pertinente incluir registros da cultura marajoara e da arte rupestre, apesar de, tecnicamente, não fazerem parte da cultura popular brasileira.

O universo da cultura popular brasileira abrange uma grande diversidade de manifestações. A escolha dos temas abordados aqui decorreu, principalmente, das minhas lembranças e dos meus interesses pessoais.

Também foram essas lembranças que me levaram a juntar textos às xilogravuras. Embora elas valham por si mesmas, ocorreu-me que podia e devia escrever um texto para cada uma delas. Não para explicar os desenhos ou os significados das xilogravuras, mas para falar um pouco sobre os temas que elas abordam. Para que as pessoas reavivem suas próprias lembranças. Para que conheçam alguns aspectos da cultura popular e desfrutem dela. Para defendê-la e preservá-la. Pois, como se sabe, só se defende aquilo que se conhece.

Os textos visam informar, de maneira sucinta e objetiva, sobre os temas abordados. Não houve de minha parte a pretensão de dominar tantos e tão variados assuntos. Alguns temas, francamente, só vim a conhecer com mais detalhes agora, por meio de descrições encontradas, principalmente, na internet. Foi a partir da compilação desses artigos que escrevi a maioria dos textos deste livro.

Quando considerei pertinente, além das informações essenciais, recuperei lembranças pessoais, relembrei momentos e acontecimentos relacionados com o tema. Procurei, portanto, inscrever-me neles e expor meu entendimento e minha posição sobre eles. Assim, alguns textos podem estar impregnados de histórias e de vivências pessoais. Eventualmente, também reescrevi textos meus escritos anteriormente, os quais complementei e atualizei.

De qualquer modo, são apenas textos indicativos. Pequenas introduções aos temas das xilogravuras e da cultura popular. Para quem desejar informações mais alentadas e detalhadas, ao final de cada texto anoto algumas referências bibliográficas, inclusive as que utilizei para escrevê-los.

Desde criança tenho um fascínio irresistível pelas gravuras em madeira, que eu via nas capas dos folhetos de cordel. Esse gosto cresceu, imperceptivelmente, enquanto também crescia o prazer de ouvir as histórias narradas e cantadas pelos artistas nos mercados e feiras. Encantava-me tanto com as narrativas que, frequentemente, perdia-me dos meus pais. Logo passei a comprar os folhetos para ler em casa e colecioná-los.

Em 1967, quando trabalhei no jornal *A Ação*, em Crato, no Ceará, além dos tipógrafos com os quais aprendi a usar o *componedor* de tipos móveis para montar textos a serem impressos, conheci o xilógrafo Valderedo Gonçalves. Às vezes, ele imprimia suas gravuras nos prelos da gráfica do jornal *A Ação*. Essa é, certamente, a minha referência mais antiga de um artista xilogravador que conheci pessoalmente.

Depois, quando estudei na Universidade de Brasília, a partir de 1969, frequentava assiduamente a gráfica do Instituto Central de Artes. Ali gravei as minhas primeiras xilogravuras.

O final dos anos 1960 foi tempo difícil também para mim, um estudante universitário em Brasília. Vivíamos sob a ditadura militar. E, além do estado permanente de apreensão, eu estava sempre com pouco ou nenhum dinheiro. Não era fácil vender minhas xilogravuras, aos domingos, na feirinha da Torre de Televisão, mas, quando conseguia, isso ajudava bastante.

Fiz xilogravuras até a primeira metade dos anos 1970. Depois parei completamente. Mas sempre tive a certeza de que voltaria a gravar na madeira. Quando me aposentei como professor da Universidade Federal do Rio Grande do Norte, em 2012, enfim, voltei a fazer xilogravura.

A palavra *xilogravura* origina-se do grego (ξυλο χαρακτική) e significa *gravura em madeira*. A xilogravura é uma arte de reprodução. Isso quer dizer que a partir de uma matriz de xilogravura, é possível obter mais de uma cópia. Sempre estranhei as imposições do mercado que limitam o número de cópias e determinam a destruição das matrizes de cada xilogravura, tendo em vista sua valorização monetária. Considero isso um desperdício egoísta. Faço xilogravura por puro prazer de desenhar e cortar a madeira pacientemente; e pelo prazer de surpreender-me com o resultado impresso.

Para fazer a matriz, utiliza-se um pedaço de madeira sobre o qual é desenhado o tema escolhido. Embora possa ser feita em qualquer madeira, as mais indicadas para fazer xilogravura são o cedro, a imburana, o mogno e a cajazeira. O desenho é cortado na madeira com a utilização de goivas e estiletes. Alguns xilogravadores usam simples facas e canivetes. As partes que se quer destacar ficam em relevo. Depois, com espátula e rolo de borracha, passa-se uma tinta própria para impressão sobre a matriz. As partes em relevo ficam entintadas, e as outras ficam em branco.

Em seguida, coloca-se uma folha de papel sobre a matriz, que é pressionada em uma prensa, em um prelo ou manualmente. Assim a imagem do desenho é transferida da madeira para o papel. Existem papéis especiais, mas pode ser usado qualquer papel que absorva a tinta.

A técnica da xilogravura foi desenvolvida na China há mais de mil anos. Sua invenção está relacionada com formas primitivas de impressão. A inspiração para realizar impressões com matrizes de madeira veio do decalque em papel a partir de pedras entalhadas ou sinetes com inscrições. Bastou substituir a pedra e o metal pela madeira.

O desenvolvimento da técnica de impressão chinesa teve um grande impacto na produção e difusão do conhecimento, da cultura e da produção de livros. Até então os livros eram manuscritos em tabuinhas de argila, em pergaminho ou papiro. Em 1298, o chinês Wang Zhen, criou o tipo móvel de madeira e inventou um aparelho giratório para ajudar na composição, iniciando um longo e eficiente processo de desenvolvimento da tipografia com tipos móveis.

A técnica dos carimbos foi estendida, então, para os caracteres Kanji transformados nos primeiros tipos móveis de madeira. Com eles se podia montar uma página para imprimir. Tanto ideogramas quanto imagens eram esculpidos em pedaços de madeira. Depois, fixados em uma placa de ferro, os tipos eram molhados com tinta, e em seguida pressionados sobre o papel em que se pretendia imprimir. Os tipos/caracteres também podiam ser entalhados em bloco na mesma taboa, como uma página. Isso já era uma xilogravura.

Com essa técnica de xilografia, foi produzido, em 868, na China, o Sutra do Diamante, que é considerado o livro impresso mais antigo, quase 600 anos antes da Bíblia de Gutenberg.

Durante a Idade Média (século XI) a xilogravura se popularizou. Ela possibilitou a produção de uma maior quantidade de livros, pois dava rapidez e simplicidade ao processo de impressão. Assim, em vez de apenas manuscritos, os livros passaram também a ser impressos, com maior rapidez, ainda antes de Gutenberg.

No Renascimento, por volta do século XV, a xilogravura já era bastante conhecida no Ocidente. Essa técnica contribuiu decisivamente para a divulgação do conhecimento, substituindo o manuscrito e a iluminura que, até então, eram um privilégio e exclusividade da nobreza e do clero. Agora a burguesia também podia ter acesso aos livros. A xilogravura ensejou o desenvolvimento da imprensa na Europa, proporcionado pela criatividade e iniciativa de Gutemberg.

Joannes Gutenberg (1398-1468) nasceu na Alemanha. Seu nome está identificado com a invenção da imprensa. Ele aperfeiçoou os tipos móveis, inventados pelos chineses. E inventou uma máquina para impressão, com tecnologia revolucionária para a época, da qual resultou a primeira Bíblia impressa, entre 1450 e 1455.

Desse modo, a xilogravura inventada pelos chineses se tornou a base para o desenvolvimento da imprensa com tipos móveis e a técnica para a ilustração de textos, especialmente na Europa.

Durante o século XV, a xilogravura difundiu-se por diversos países. Na época, a maioria das obras dos xilogravadores europeus era de caráter religioso. Na Itália, uma das xilogravuras mais antigas é a Madona do Fogo, do século XV, que se encontra na catedral de Forli. Muitos artistas, como o alemão Albrecht Dürer, incorporaram a técnica da xilogravura à sua arte. Uma de suas obras mais conhecida é a série Apocalipse, de 1499. No fim do século XV, a xilogravura também era usada em ilustrações para livros e para confeccionar as matrizes das cartas de baralhos.

Na Europa, logo a difusão da xilogravura também alcançou Portugal. De lá ela chegou ao Brasil, provavelmente trazida pelos missionários portugueses, que ensinaram essa arte aos índios catequisados. Um dos primeiros usos da xilogravura no Brasil foi a confecção de rótulos para diferentes produtos, como as garrafas de aguardente, sabonetes e doces. O rótulo da cachaça *Engenho Açoriano* é do século XVIII. Assim como na Europa, durante os primeiros séculos da história do Brasil, a xilogravura também era usada para a ilustração de folhetos, livros e jornais.

Na segunda metade do século XIX, já existia o clichê metálico, de zinco, utilizado para a ilustração de livros e jornais. Para usá-lo, era necessário encomendá-lo com alguma antecedência às clicherias, um misto de laboratório fotográfico e ateliê de gravura em metal, localizadas nas grandes cidades. Isso encarecia o clichê e lhe dificultava o acesso.

Essa dificuldade, ao mesmo tempo que restringia o uso de clichês, facilitava a utilização da xilogravura como técnica de ilustração. O fato é que ela se desenvolveu, principalmente no Nordeste, onde passou a ser utilizada também nas capas dos folhetos da chamada *literatura de cordel*.

Esse nome decorre da maneira como os folhetos são expostos para a venda: dependurados em cordéis ou barbantes. A maioria dos poetas populares, autores dos folhetos de cordel e a maioria dos xilogravadores sempre tiveram alguma afinidade com os trabalhos gráficos, com a tipografia, em que eram impressos os poemas com capas ilustradas por xilogravuras.

Depois, os xilógrafos adquiriram autonomia e passaram a realizar sua própria obra, independentemente das capas de cordel. Por outro lado, poetas letrados também passaram a escrever folhetos. Assim se revalorizavam a xilogravura, como arte autônoma, e a literatura de cordel, que ampliava o seu público ao incorporar outros autores.

Entre tantos xilogravadores, podemos citar Mestre Noza (1897?-1983), Enéias Tavares Santos (1931) e J. Borges (1935), que atuaram e atuam, respectivamente, no Ceará, em Alagoas e no Pernambuco.

Posteriormente, junto aos xilógrafos populares, apareceram outros gravadores que, a partir da linguagem popular, desenvolveram novos caminhos para a xilogravura. São conhecidas as obras de Oswaldo Goeldi (1895-1961), Hansen Bahia (1915-1978), Lívio Abramo (1903-1993), Samico (1928-2013).

Os temas das xilogravuras deste livro foram escolhidos dentro de uma grande variedade de manifestações da cultura popular. Mesmo os temas das artes rupestres e da cerâmica marajoara inscrevem-se aqui como cultura popular, na medida em que, hoje, apropriados pelas populações locais, os padrões rupestres e marajoara estão sendo transformados em artesanato.

As diversas manifestações de cultura popular fazem parte do processo de formação histórica do Brasil e de seu desenvolvimento cultural mais amplo. No final do século XIX, a cultura que estava sendo construída pelo povo brasileiro não era do agrado dos proprietários de terra e de escravos, dos fazendeiros e de senhores de engenho. As elites brasileiras, compostas por uma minoria de brancos, não se identificavam com a cultura em formação e se esforçavam para *serem* ou *parecerem ser* europeus.

As classes abastadas brasileiras procuravam imitar, de suas correspondentes europeias, o uso de objetos mais refinados, o modo de se vestir, a adoção de comportamentos cerimoniais e de maneiras formais de servir à mesa. Para isso, substituíam parcialmente o trabalho escravo, importando serviçais assalariados da Europa. Na verdade, desde as primeiras décadas do século XIX, quase tudo era importado da Europa: louças, móveis, papéis de parede, cristais, plantas e jardineiros; tapeçarias, música, pianos e professores de piano; roupas, água mineral de vichi, manteiga, governantas e criados; literatura, pinturas e pintores. Com a arquitetura neoclássica e seus respectivos arquitetos, também eram importados os materiais de construção, como vidro, ferro e outros metais, ferragens, mármore, luminárias, calhas, telhas, madeiras trabalhadas etc.

Na virada do século XIX para o século XX, enquanto predominavam teorias que atribuíam à mestiçagem o atraso do Brasil, e enquanto a elite brasileira alimentava o sonho de viver em uma cultura europeia, essa mesma mistura étnica e social ia construindo a riqueza da diversidade cultural brasileira.

Em cada canto das cidades exalavam os cheiros perfumados da feijoada, do vatapá, da carne de sol, da paçoca e do cuxá. Nos salões, nas ruas e nos quintais das periferias e dos morros da favela ressoavam os sons das danças e das músicas, no alvorecer das rodas de samba e do Carnaval. Nos terreiros das fazendas de gado e de açúcar, de cacau e de café, nas áreas de mineração e nas ruas de pequenas cidades, as pessoas organizavam reisados, cheganças, congadas e outros folguedos. Nos mais distantes rincões, ecoavam os batuques e as músicas do Candomblé, do Tambor de Mina, do Maracatu e do Bumba meu boi.

Desde cedo, na Colônia, essas e tantas outras manifestações culturais foram se formando e se transformando, associadas aos modos de vida e à capacidade de resistência da população, na sua maioria escrava ou descendente de escravos.

Posteriormente, ainda na primeira metade do século XX, outras teorias passaram a reconhecer e a valorizar as experiências do passado, desenvolvidas ao longo do processo de miscigenação das etnias formadoras do povo brasileiro. A cultura popular, antes desprezada e considerada inferior, também passou a ser reconhecida, principalmente pelos modernistas, como um manancial que alimenta a construção da cultura erudita no Brasil. É esse acervo que, diante de novas realidades sociais, ou adquirem outras roupagens ou desaparecem.

Cada uma das expressões culturais populares vincula-se originalmente a um modo de vida. Sua sobrevivência articula-se a determinadas relações sociais e de trabalho que estão em constante transformação. Desse modo, parece inevitável que os reisados, Bumba meu boi, vaquejadas e outras formas de expressão da cultura popular estejam, permanentemente, susceptíveis aos processos de modernização próprios da sociedade atual.

Nesses processos, tudo aquilo que não é transformável em mercadoria é considerado sem importância e está, portanto, fadado a desaparecer. Aí se incluem os monumentos históricos, os bens culturais em geral, os elementos do folclore, a música popular, as tradições culinárias etc. O que não for possível vender e gerar lucro desaparece.

Assim, no afã de defender a preservação das manifestações culturais populares, muitas vezes as pessoas são levadas a pensar que todas as mudanças decorrem da ação do capitalismo. Entretanto a História ensina que a inovação, em geral, e a inovação tecnológica são atributos inerentes à humanidade. O capitalismo os potencializou.

As transformações que marcam a existência da humanidade, a história das culturas e das civilizações, mesmo antes do capitalismo, traduzem-se em processos constantes e ininterruptos de utilização de recursos naturais e de transformação do meio ambiente. São processos inexoráveis que acompanham a história das sociedades. Tudo muda e tudo passa. Nenhum conservadorismo é capaz impedir essa transformação.

As culturas também são permeáveis, deixam-se influenciar e incorporam elementos umas das outras. Durante a elaboração deste livro, encontrei registros das frequentes transformações que acontecem com os folguedos populares. Mudam-se os enredos, acrescentam-se ou suprimem-se personagens; mudam-se os nomes que identificam os folguedos, as músicas, os instrumentos musicais.

É assim que muitas manifestações culturais transformam-se em parte ou radicalmente. Muitas vezes, a condição para sobreviverem é serem absorvidas e moldadas pelo mercado. Os desfiles das Escolas de Samba no Rio de Janeiro e em São Paulo, e as apresentações de Bumba meu boi em Parintins, no Amazonas e em São Luís, no Maranhão, embora tenham preservado a beleza do espetáculo, seriam exemplos desse tipo de transformação mercadológica de manifestações culturais populares.

Mudar, ser outra *coisa* para sobreviver, eis a fatalidade a que estão submetidas as manifestações culturais populares. E não só elas. Os grupos indígenas que sobreviveram ao genocídio da colonização ou se aglutinam em parques, em áreas protegidas como o Parque do Xingu, ou aderem ao modo de vida brasileiro, vivendo em periferias, ou desapareçam.

A preservação de sítios arqueológicos só é possível por meio da sua institucionalização em áreas vinculadas a universidades ou outras organizações públicas ou privadas. O tombamento de bens históricos arquitetônicos, quando não é seguido de ações estatais, condena fatalmente esses monumentos ao abandono e à destruição, em face das pressões do mercado imobiliário.

Como disse Marx em outro contexto, *tudo o que é sólido desmancha no ar*. As ações e os fatos que tecem e entretecem a história das sociedades a tudo transformam para que elas sobrevivam. Não se trata, portanto, de negar a transformação e a inovação. Seria inútil resistir a forças que transcendem ao planeta Terra e que são universais.

O equilíbrio e a articulação entre tradição e modernização estariam, portanto, na base do desenvolvimento das sociedades. Isto é, um processo que compreendesse o desenvolvimento tecnológico e, ao mesmo tempo, respeitasse a diversidade da cultura popular, sem transformá-la em meros objetos de consumo. Seria, enfim, a valorização das tradições criadas pelas pessoas, que as vivem e as atualizam para preservá-las.

Trata-se de reconhecer e destacar as consequências positivas da preservação das tradições da cultura popular para o desenvolvimento das sociedades. Ao mesmo tempo que se constata a contradição inerente ao crescimento econômico, que, ao se realizar, muda toda a sociedade, inclusive as manifestações culturais populares. Portanto, sem conservadorismo e sem transformar as manifestações culturais em meras mercadorias, cabe à sociedade proteger a cultura popular.

A modernização é inexorável. Portanto, a questão é encontrar meios para proteger os bens culturais. Preservar a memória cultural, o acervo de conhecimentos que dá suporte aos processos de inovação. E destacar as referências sociais que devem nortear o contínuo desenvolvimento da humanidade, em suas diversas manifestações. A expectativa, enfim, é a articulação da modernização com a tradição.

Mandalas, xilogravuras, azulejos e rendas de bilros são elementos tradicionais originários de diferentes regiões do planeta. Ao longo da história, eles, de alguma forma, integraram-se à cultura brasileira. As obras de arte em azulejos e rendas de bilros estão presentes no Brasil, em Portugal e em outros países. As mandalas, tradição milenar originária da Índia, disseminaram-se por todo o mundo, universalizaram-se. A xilogravura, inventada pelos chineses, possibilitou o desenvolvimento da imprensa, da arte e da cultura popular e erudita.

Assim, enquanto preparava o material deste livro, tornaram-se mais claras, para mim, as implicações dessas trocas e dessas transformações. Reafirmo, portanto, meu compromisso com a defesa dessas manifestações culturais. Creio que realizei uma abordagem renovada de diversas tradições. A partir de minhas memórias, gravei nas xilogravuras uma pequena parte da história cultural do Brasil, ao mesmo tempo que evidencio o meu encantamento por elas.

REFERÊNCIAS

ANDRADE, Mário de. **Macunaíma:** um herói sem nenhum caráter. Brasília: CNPq, 1988.
ANDRADE, Oswald de. **A utopia antropofágica:** manifestos e teses. São Paulo: Globo, 1996.

CÂNDIDO, Antônio. Prefácio. In: HOLANDA, Sérgio B. de. **Raízes do Brasil.** São Paulo: Cia. das Letras, 1995.

CASCUDO, Luís da Câmara. **Dicionário do Folclore Brasileiro.** São Paulo: Global, 2012a.

_____. **Folclore do Brasil.** São Paulo: Global, 2012b.

CUNHA, Euclides da. **Os sertões.** Rio de Janeiro: Record, 2002.

FREYRE, Gilberto. **Casa-grande e senzala.** São Paulo: Global, 2006.

HOLANDA, Sérgio Buarque de. **Raízes do Brasil.** São Paulo: Cia. das Letras, 1995.

LÉVI-STRAUSS, Claude. Tristes trópicos (Prefácio à edição japonesa). In: São Paulo: jornal FOLHA DE SÃO PAULO, 22/05/2005.

REIS FILHO, Nestor Goulart. **Quadro da arquitetura no Brasil.** São Paulo: Perspectiva, 1970.

RIBEIRO, Darcy. **Teoria do Brasil.** Rio de Janeiro: Civilização Brasileira, 1975.

ROMERO, Sílvio. **Compêndio de história da literatura brasileira.** São Paulo: 2001.

VELOSO, Mônica. **Que cara tem o Brasil?** Rio de Janeiro: Ediouro, 2000.

Sites consultados

https://pt.wikipedia.org/wiki/Xilogravura

lounge.obviousmag.org/anna_anjos/.../xilogravura-a-arte-em-madeira-parte-1.html

https://pt.wikipedia.org/wiki/Casa_da_Xilogravura

xilogravuraarte.blogspot.com/p/como-surgiu-xilogravura.html

www.infoescola.com/artes/xilogravura/

https://www.significados.com.br/mandala/

https://pt.wikipedia.org/wiki/Mandala

https://pt.wikipedia.org/wiki/Azulejo

portugalglorioso.blogspot.com/2014/05/a-historia-do-azulejo-portugues.html

www.miati.com.br/blog/histria-da-escrita-tipografia---parte-2

https://www.epochtimes.com.br/bisheng-inventor-imprensa-tipo-movel/

https://pt.wikipedia.org/wiki/Johannes_Gutenberg

www.estudopratico.com.br/literatura-de-cordel/

www.suapesquisa.com/cordel/

http://www.sitedecuriosidades.com/curiosidade/como-surgiu-a-mandala.html

RUPESTRE

RUPESTRE – NATAL, 2017. PEDRO DE LIMA.

A arte rupestre são desenhos pintados ou entalhados nas rochas. Há quem conteste a denominação *arte rupestre* e prefira usar a expressão *registro rupestre*, pois não se comprovaria neles uma intenção estética. Para mim e, creio, para muitas pessoas, isso não muda nada. O mais importante é reconhecer que as pinturas rupestres são, de fato, uma forma de olhar, interpretar e representar a natureza existente à volta. Chame-se a isso de arte ou não. Além da beleza e do significado intrínseco desses objetos, eles são valiosos documentos arqueológicos e antropológicos.

As pinturas rupestres encontram-se, principalmente, em abrigos rochosos, grutas e cavernas. Muitas datam de mais de 10.000 anos. Mas podem chegar a até 50 mil anos atrás. A arte rupestre no Brasil distribui-se por um vasto território. No Nordeste, encontra-se no Rio Grande do Norte (Lajedo da Soledade), na Paraíba (Pedra Pintada) e no Piauí (Serra da Capivara). Em Minas Gerais, há registros de arte rupestre localizados em várias cavernas do Vale do Peruaçu, no Vale do Rio das Velhas e em Lagoa Santa.

Os primeiros habitantes do território que hoje constitui o Brasil registraram nas pinturas rupestres elementos relacionados com sua vida social e com a natureza. Essas ações sociais retratam parte do cotidiano, como a dança, os rituais, lutas, animais, brincadeiras, caçadas, ou são puros grafismos cuja interpretação hoje é difícil, senão impossível. Algumas das cenas representadas nessas pinturas poderiam ter intenção mágica ou religiosa ou visavam propiciar sucesso na caça, na obtenção de comida. Outras, são cenas de sexo ou estão relacionadas à fertilidade, ou aos objetos domésticos e de trabalho.

Geralmente, as pinturas rupestres eram feitas com os dedos ou com a ajuda de algum objeto. As cores eram obtidas do carvão (preta) e do óxido de ferro (vermelha, amarela ou ocre). Segundo os pesquisadores, cera de abelha, água, clara de ovo, gordura animal e sangue também seriam usadas nessas pinturas.

Lamentavelmente, grande parte das pinturas rupestres, que o clima do semiárido, a vegetação da caatinga e as dificuldades de acesso ajudaram a preservar hoje, vem sendo destruída pela ignorância das pessoas e pela omissão do Estado. Por outro lado, também há vários exemplos de utilização de desenhos e pinturas rupestres para a confecção de um variado artesanato. As iniciativas mais conhecidas são a fabricação de objetos cerâmicos, funcionais ou decorativos, e a estamparia de camisetas.

No Rio Grande do Norte, os desenhos rupestres no sítio arqueológico de Lajedo da Soledade, uma localidade do município de Apodi, foram feitos por habitantes que viveram no local entre 3 mil e 5 mil anos atrás. São, portanto, pinturas mais recentes que as de outros sítios arqueológicos brasileiros. Ali os desenhos retratam pessoas, animais, motivos geométricos e outras cenas do cotidiano e da natureza.

A chegada de arqueólogos para estudarem as inscrições do Lajedo de Soledade, em 1991, mudou a perspectiva de pobreza e miséria dos moradores da localidade. A Petrobras, que explora o petróleo no interior do Rio Grande do Norte, apoiou a realização de um projeto voltado para a fabricação de objetos cerâmicos utilizando os motivos das pinturas rupestres.

Atualmente, um grupo de cerca de 60 pessoas, entre mulheres e homens, pinta, borda e desenha as inscrições rupestres em cestas, copos e pratos de cerâmica, bolsas, papéis reciclados e quadros. Alguns imitam as técnicas dos antigos povos da região e pintam quadros com óxido de ferro, que é abundante no local. O envolvimento da comunidade com esse artesanato melhorou suas condições de trabalho e aumentou a sua renda.

A produção e venda do artesanato é articulada pela Petrobrás. Além de convencer os moradores sobre a importância de se preservar aquele bem cultural, a empresa faz a divulgação dos produtos e ajuda na qualificação dos artesãos. A perspectiva dos integrantes do empreendimento é ganhar autonomia para ampliar e tornar o seu projeto sustentável. Hoje, os próprios moradores defendem a preservação do sítio arqueológico, onde também trabalham como guias turísticos.

Outro projeto semelhante, que articula empreendimento econômico, inclusão social, preservação ambiental e preservação cultural é a Cerâmica Serra da Capivara. Localizada em Barreirinho, um povoado localizado na caatinga piauiense, a pequena empresa foi criada em 1994 pela arqueóloga Nièdе Guidon. Na ocasião, a arqueóloga era presidente da Fundação Museu do Homem Americano e coordenava o trabalho de uma equipe que se dedica, há muitos anos, ao estudo dos sítios arqueológicos da Serra da Capivara.

A produção do novo artesanato envolveu as pessoas do lugar, que já trabalhavam com a argila, na fabricação de potes, moringas e outros utensílios, que eram queimados em fornos rudimentares com a lenha retirada da caatinga, uma área de preservação.

A empresa foi montada com financiamento de instituições internacionais. Os ceramistas locais aprenderam técnicas novas, trazidas da Itália e do Japão. Com isso, passaram a produzir peças bonitas e com alta qualidade, resistentes e com desenhos inspirados nas pinturas rupestres. Hoje, os objetos de artesanato são vendidos em lojas situadas em Teresina e em várias outras cidades do Brasil, sendo, inclusive, exportados para o exterior.

A utilização de gás para aquecer os fornos reduziu a pressão sobre as matas da área de preservação. E a racionalidade adotada no uso da argila para a produção das peças artesanais agride menos o meio ambiente.

A pequena empresa tem como princípio a defesa da cidadania e da sustentabilidade. Os rendimentos da população melhoraram, garantindo-lhe acesso a uma vida com mais dignidade e mais direitos sociais. A forma de produção da cerâmica reduziu a pressão sobre os recursos naturais e aumentou a qualidade de vida de toda a comunidade.

Os vestígios, as pegadas e as marcas das sociedades que viveram aqui, antes da chegada dos portugueses, estão por toda parte. Como maior evidência, eles nos mostram que, aqui, não somos os primeiros nem os únicos, nem os melhores. Mostram que, antes de nós, outros já reverenciavam a natureza; que, com inteligência e sensibilidade, representavam a natureza como arte e comungavam com ela. Isso nos obriga a olhar com respeito para o passado, pensando no futuro.

Precisamos aprender a respeitar o meio ambiente e os bens culturais. Eles são a garantia de que teremos futuro. O Estado e, consequentemente, as pessoas ainda não estão sensibilizados para isso. Faltam políticas públicas específicas que defendam e preservem com eficiência os sítios e parques arqueológicos existentes. A ação do Estado, assim como sua omissão atual, além da fiscalização, tem um efeito pedagógico sobre as pessoas que, assim, teriam uma atitude respeitosa diante da natureza e dos sítios arqueológicos.

REFERÊNCIAS

GUIDON Niéde. As ocupações pré-históricas do Brasil. In: CUNHA, Manuela PESSIS Anne-Marie. Apresentação gráfica e apresentação social na tradição Nordeste de Pintura rupestre do Brasil. In: **Revista Clio**, n. 5, série arqueológica. Recife: UFPE, 1989.

SCHMITZ, Pedro I. A questão do paleolítico. In: TENORIO, Maria Cristina. **Pré-História da Terra Brasilis**. Rio de Janeiro: UFRJ, 1999.

Sites consultados

www.estudopratico.com.br/arte-rupestre/

www.ab-arterupestre.org.br

www.fumdham.org.br

https://www.espacoacademico.com.br/041/41cjustamand.htm

https://pt.wikipedia.org/wiki/Arte_rupestre https://pt.wikipedia.org/wiki/Parque_Nacional_Serra_da_Capivara; www.lajedodesoledade.org.br/

http://www.aventuramango.com.br/2013/09/sitio-arqueologico-de-lajedo-de-soledade.html)

www.ceramicacapivara.com/quem_somos.asp

www.aventuramango.com.br/2013/09/sitio-arqueologico-de-lajedo-de-soledade.html

MARAJOARA

MARAJOARA – NATAL, 2017. PEDRO DE LIMA.

Pesquisas arqueológicas registram a ocupação da Amazônia por grupos de caçadores e coletores há mais de 11 mil anos. Também teriam existido assentamentos em *escala urbana* naquela região, com cerca de 3 quilômetros de extensão e com população de milhares de pessoas, bem antes da colonização ibérica.

A famosa cerâmica marajoara, que há mais de um século encanta brasileiros e estrangeiros, originalmente era fabricada por um povo que habitou a Ilha de Marajó, situada no município de Belém, no estado do Pará. Os antigos marajoaras existiram naquela ilha, antes das viagens de Cristóvão Colombo, provavelmente, entre 400 e 1400 D.C.

Segundo os pesquisadores, a cultura marajoara teria sido criada por uma sociedade relativamente complexa, cuja população pode ter chegado a cerca 100.000 pessoas. Para garantir o funcionamento de uma sociedade com certo nível de complexidade e a sobrevivência de uma população tão grande, os marajoaras, além de uma administração sofisticada, teriam usado a técnica de adubação com *terra preta* para tornar o solo mais fértil e, consequentemente, dando maior produtividade à agricultura.

Os trabalhos em cerâmica, com desenhos representando figuras humanas, plantas e animais, com relevos e pinturas elaboradas, seriam uma evidência da existência dessa sociedade complexa na Ilha de Marajó.

A riqueza arqueológica da Ilha de Marajó tornou-se conhecida a partir da segunda metade do século XIX, quando os pesquisadores tiveram contato com a fantástica cerâmica colorida encontrada nos *tesos* (pequenas colinas artificiais) construídos pelos antigos habitantes da ilha. Esses pesquisadores registraram várias fases sucessivas de ocupações na região, cada uma delas com uma cerâmica característica (Ananatuba, Mangueiras, Formigas, Marajoara e Aruã).

A Fase Marajoara é a que apresenta a cerâmica mais elaborada e mais sofisticada. Ela foi divulgada em 1871, nos EUA, por pesquisadores, por meio de artigo científico relatando a descoberta da cultura marajoara. A partir daí, os estudos sobre a cerâmica e o povo que a confeccionou ganharam impulso, quando mais pesquisadores resolveram dedicar-se a pesquisas na Ilha de Marajó.

De acordo com os pesquisadores, a construção dos *tesos* sugere que houve um intenso e amplo povoamento, com assentamentos bastante desenvolvidos na região da ilha, durante um longo período. Essas elevações artificiais, erguidas acima dos níveis de alagamento da ilha e às margens de rios e igarapés, podiam ter até 12 metros de altura e 200 metros de comprimento, abrigando cerca de 1.000 pessoas. As aldeias eram erguidas sobre esses *tesos*. Ali também eram enterradas as urnas funerárias, e, em alguns casos, eram cultivadas algumas plantas para consumo diário, como a mandioca.

As populações marajoaras construíram suas casas sobre os *tesos*, para protegê-las de inundações. Além de habitações e de cemitérios, eles também foram usados para a construção de estruturas voltadas para a defesa militar.

As construções residenciais seriam semelhantes às malocas indígenas atuais. Essas construções abrigavam um agrupamento de famílias nucleares, com várias lareiras (fogueiras, fogões) alinhadas ao longo do centro do edifício. Segundo os pesquisadores, também havia instalações de cozinha permanentes feitas de barro e piso de chão batido. As paredes das casas eram de barro, com estrutura de madeira e cobertura de palha. As malocas que constituíam a aldeia eram, geralmente, agrupadas em um padrão oval concêntrico. Há também vestígios de obras de terraplanagem monumentais, calçadas, rampas, canais, lagoas e campos drenados.

A iconografia marajoara não sugere a existência de uma autoridade política exercendo o poder sobre todas as aldeias, embora sugira uma classificação social baseada na genealogia matrilinear. As mulheres foram importantes na produção de subsistência e aparecem com destaque na arte marajoara, retratadas como criadoras ou heroínas.

Nos *tesos* foi encontrada uma grande variedade de objetos cerâmicos: vasos e outros tipos de vasilhas, urnas funerárias (igaçabas), pratos, tigelas, potes, brinquedos, estatuetas, tangas para cobrir as zonas genitais das mulheres, mas que também podiam ser usadas por homens, feitas com argila cozida. Além desses objetos, os marajoaras também produziram em cerâmica pequenas esculturas, grandes estátuas, pingentes, joias para orelhas e lábios, apitos e miniaturas de machados, martelos e outras ferramentas. Os objetos cerâmicos apresentam uma grande diversidade de formas e padrões de decoração. As urnas ou vasos na forma de globos apresentam decoração pintada e modelada representando a figura humana, serpentes, macacos ou com motivos geométricos.

A cerâmica marajoara é geralmente caracterizada pelo uso de pintura vermelha ou preta sobre fundo branco. Para dar maior durabilidade aos objetos cerâmicos, eram agregados à argila cinzas, ossos, conchas moídas, cascas de árvores queimadas e piladas, e areia. Depois de modelada, a peça era pintada. Em seguida eram cozidas em uma fogueira. Após a queima, a cerâmica era envernizada. Os artefatos mais elaborados eram destinados ao uso funerário ou ritual. Na iconografia da cerâmica marajoara, o motivo mais comum está relacionado com o imaginário feminino. As mulheres são retratadas como ancestrais míticos, criadores, heróis culturais, com poderes espirituais, de acordo com os pesquisadores.

MARAJOARA II – NATAL, 2017. PEDRO DE LIMA.

Não obstante toda a sua riqueza gráfica, a cultura marajoara não tinha sistema de escrita e, portanto, não deixou registros escritos, o que dificulta o trabalho dos pesquisadores. Sabe-se que a Ilha de Marajó foi ocupada até um pouco antes da conquista europeia, a partir do século XV. O processo de abandono e o fim da sociedade marajoara teriam se iniciado por volta do ano 1300. Para os pesquisadores, as evidências de que, a partir de daquele momento, as estruturas encontradas nos *tesos* deixaram de ser reparadas e mantidas, além do fato de que nenhuma outra construção ocorreu após aquela data, denotam um processo de abandono. Infelizmente, ainda não se sabe o suficiente sobre a cultura marajoara para determinar por que a ilha foi abandonada. As poucas evidências levam a crer, segundo os pesquisadores, que a desestruturação da sociedade marajoara foi causada por motivos essencialmente econômicos, quando uma prolongada seca abateu-se sobre a região amazônica, acarretando graves consequências sobre a agricultura e a pesca na Ilha de Marajó.

A continuidade das pesquisas que possibilitariam um maior conhecimento sobre a cultura marajoara encontrou alguns obstáculos. Um deles é a difícil recuperação das peças de cerâmica em face das inundações periódicas próprias da região amazônica. Outro grande problema são os constantes roubos e saques do material arqueológico, que é frequentemente contrabandeado para outros países. Museus da Europa e dos Estados Unidos da América, segundo os pesquisadores, há muito tempo apropriaram-se de algumas das peças e de pedaços maiores e mais bonitos da cerâmica marajoara, especialmente das urnas funerárias.

Ainda no final do século XIX, D. Pedro II, ao saber dos saques e do contrabando das peças, determinou a interdição da Ilha de Marajó aos estrangeiros e que toda pesquisa só poderia ser feita com autorização do governo do Império do Brasil. Mas, tal como hoje, quase não havia fiscalização.

Desde então, esse problema tem sido atenuado, mas não foi resolvido. Pois a fama e a valorização da cerâmica marajoara continuaram estimulando as retiradas clandestinas de peças dos sítios ainda não estudados. Essas retiradas ilegais, dizem os pesquisadores, sem qualquer critério técnico e visando ao contrabando de urnas inteiras, de grande valor comercial, na maioria das vezes destroem inúmeras outras peças de valor inestimável para a pesquisa e destroem o próprio sítio, inviabilizando outros estudos científicos e empobrecendo nosso patrimônio cultural.

Apesar da exploração clandestina e sem critérios técnicos dos sítios arqueológicos e apesar dos saques e do contrabando, ainda tem sido possível salvar uma grande quantidade de cerâmicas, que formam um acervo rico e variado, testemunha da existência desses povos na Amazônia. O maior acervo de cerâmica marajoara pode ser apreciado no Museu Emílio Goeldi, em Belém, no Pará. Fora do Brasil, os acervos mais significativos encontram-se em museus de Nova Iorque e Genebra.

Somente a atuação do Estado, a educação e informação da população poderiam garantir a preservação dos sítios arqueológicos. Nesse sentido, foi criado o Museu do Marajó, em 1972. Ele também reúne um grande acervo de peças de uso cotidiano e outras peças relacionadas com aspectos sociais e religiosos da cultura marajoara. O museu foi criado com o intuito de preservar e promover a cultura e a arte daquela antiga sociedade, tornando-a acessível à população e outros interessados.

A força da cultura marajoara é tão grande que até hoje sustenta uma população inteira de oleiros estabelecidos na localidade de Icoaraci, a cerca de 20 quilômetros da cidade de Belém. Esses oleiros ganharam fama e reconhecimento nacional e internacional a partir das réplicas que produzem tendo como modelo a cerâmica arqueológica marajoara. Sua atuação, desde meados do século XX, tem ampliado constantemente as possibilidades de concepção e produção da cerâmica marajoara. A tal ponto que muitos oleiros consideram a cerâmica produzida em Icoaraci como a *legítima* cerâmica marajoara.

Sobre a origem contemporânea do artesanato marajoara, contam que o pintor de faixas e murais de propaganda Antônio Farias Vieira, ao ver em um livro a foto de um vaso cerâmico, que achou bonito, pediu a um oleiro para fazer um igual. Depois de queimado, pintou o vaso nas cores mais usuais da cerâmica marajoara (vermelho, preto e branco). A partir dessa primeira experiência, já no início dos anos 1960, Antônio Farias Vieira buscou mais informações e reproduziu várias outras peças. Por esse motivo é que se considera o ano de 1960 como o início da fase contemporânea da cerâmica marajoara. Antônio inventou o seu próprio emprego e, desde então, sua família e seus descendentes dedicam-se integralmente à reprodução da cerâmica marajoara.

Seguindo o exemplo de Antônio Farias, outras pessoas também começaram a reproduzir a cerâmica marajoara. As réplicas feitas pelos oleiros são muito parecidas com as peças originais fabricadas antes da colonização portuguesa. A partir desses modelos originais, foram recriadas outras formas ao estilo marajoara. Há também as distorções. Com o desenvolvimento do turismo e do comércio, é possível encontrar cerâmicas dos mais variados tipos. Existem peças com inscrições *lembrança de Belém, lembrança do Pará*, com escudos de times de futebol e outros temas estranhos à cultura marajoara.

De todo modo, a apropriação do padrão marajoara pelos paraenses, ao mesmo tempo que possibilita a invenção de novos desenhos, formas e utensílios, também tem contribuído para a preservação desse patrimônio histórico e da memória cultural.

Parece não haver provas de uma continuidade histórica entre os antigos povos que criaram a cerâmica marajoara e os paraenses que habitam hoje a ilha. No entanto essas pessoas fizeram ressurgir uma belíssima arte cerâmica, estabelecendo pontes entre o passado remoto e o presente. Ao fazer isso, os atuais marajoaras afirmam-se como herdeiros daqueles povos tão antigos.

Algo semelhante ocorre com os piauienses ligados ao Parque Arqueológico da Serra da Capivara e com os norte-rio-grandenses que vivem em torno do Lajedo da Soledade, na serra do Apodi. Eles não se consideram descendentes dos povos que há mais de cinco mil anos habitaram aquelas regiões e deixaram suas marcas nas pinturas rupestres. Entretanto, ao transplantar a arte gravada nas rochas para objetos e utensílios do presente, eles também criam indeléveis ligações com o passado.

Por meio do artesanato, aquelas culturas antiquíssimas passam a fazer parte da cultura brasileira. E, dessa forma, realizam um processo de renovação ao mesmo tempo que preservam uma tradição.

REFERÊNCIAS

MAGALHÃES, Marcos P. A. **Phýsis da Origem:** o sentido da história na Amazônia. Belém: Museu Paraense Emílio Goeldi, 2005.

MEGGERS, B. J. **Amazônia:** a ilusão de um Paraíso. São Paulo: Edusp, 1987.

MEGGERS, B. J.; EVANS, Clifford. **Uma interpretação das culturas de Marajó.** Belém, Pará: Instituto de Antropologia e Etnologia do Pará, 1954.

ROOSEVELT, Anna C. **Montículobuilders of the Amazon:** Geophysical Archaeology on Marajo Island, Brazil. San Diego-CA: Academic Press, 1991.

_____. Arqueologia da Amazônia. In: CUNHA, M. C. da. (Org.). **História dos Índios do Brasil.** São Paulo: Ed. da Universidade São Paulo, 1992.

SCHAAN, Denise. **A Linguagem Iconográfica da Cerâmica Marajoara.** Porto Alegre: EDIPUCRS, 1997.

_____. **Marajó:** Arqueologia, Iconografia, História e Patrimônio – Textos Selecionados. Erechim-RS: Habilis, 2009.

Sites consultados

www.caruanasdomarajo.com.br/novo/pagina/sec/139/sel/gp

www.infoescola.com/artes/arte-marajoara/

gentemarajoara.blogspot.com

https://pt.wikipedia.org/wiki/Marajoaras

http://www.portalamazonia.com.br/secao/amazoniadeaz/interna.php?id=958

MUIRAQUITÃ

MUIRAQUITÃ – NATAL, 2017. PEDRO DE LIMA.

Os espanhóis chamaram de *amazonas* a um grupo de índias que teriam atacado a expedição do explorador Francisco de Orellana, em 1541. Para eles, as índias se pareciam e agiam como as guerreiras mitológicas descritas pelos antigos gregos. Citado por Câmara Cascudo, no *Dicionário do Folclore Brasileiro* (p. 42), Frei Gaspar de Carvajal fala das amazonas, certamente com muita imaginação:

> As mulheres residiam no interior, a sete jornadas da costa. Eram sem marido. Dividiam-se, numerosas, em setenta aldeamentos de pedra, com portas, ligadas às povoações por estradas amparadas, dum e doutro lado, com cercas, exigindo pedágio aos transeuntes. Quando lhes vinha o desejo, faziam guerra a um chefe vizinho e trazendo prisioneiros, que libertavam depois de algum tempo de coabitação. As crianças masculinas eram mortas e enviadas aos pais e as meninas criadas nas coisas da guerra. A rainha se chamava Conhori. Há riqueza imensa de ouro, prata, serviços domésticos em ouro para as fidalgas e de pau para as plebeias. Na cidade principal havia cinco casas grandes, com adoratórios dedicados ao sol. As casas de adoração são os Caranai. Tem assoalho no solo e até meia altura, os tetos forrados de pinturas coloridas. Nesses templos estão ídolos de ouro e prata em figuras femininas e muitos objetos preciosos para o serviço do sol. Vestem finíssima lã de ovelha do Peru. Usam mantas apertadas, dos peitos para baixo, o busto descoberto, e um manto, e na cabeça atado adiante com cordões. Trazem cabelos soltos até o chão e na cabeça coroas de ouro da largura de dois dedos.

Em grego, a palavra *amazonas* significa: *a*, prefixo de negação, e *mazos*, seios. De acordo com a narrativa mitológica, essas guerreiras automutilavam-se para melhor manusear as armas. Contemporaneamente, o termo *amazonas*, como metáfora, refere-se a todas as mulheres que lutam e, ordinariamente, às mulheres que montam a cavalo e praticam equitação, hipismo.

Como consequência daquele episódio fantástico, o explorador espanhol teria dado o nome ao Amazonas, que antes era chamado de Rio Grande, Mar Dulce ou Rio das Icamiabas. Os exploradores ibéricos também teriam confundido aquelas índias com as *icamiabas*, personagens de outra narrativa, como se verá adiante. Pois, segundo contaram, elas eram mulheres guerreiras, que viviam sem homens, ou só se encontravam com eles por ocasião da festa da lua, quando lhes presenteavam com um *muiraquitã*.

O Muiraquitã é um o amuleto da sorte que faz parte de antigas narrativas indígenas e, hoje, está incorporado ao folclore da Amazônia.

Segundo a narrativa, homens e mulheres viviam juntos. Mas as mulheres se sentiam oprimidas e inferiorizadas pelos homens. Elas não podiam tocar nas armas e nos instrumentos de caça, que pertenciam aos homens. Assim, em uma ocasião, enquanto os homens estavam caçando, elas se rebelaram, mataram seus filhos homens e cortaram seus próprios cabelos.

Depois, essas índias abandonaram a aldeia e partiram em busca de um lugar para morar, sem os homens.

Andaram e procuraram muito, até que chegaram a um lugar maravilhoso, que chamaram Iaci-Taperê (Serra da Lua), com um lago, que chamaram Iaci-Uaru (Espelho da Lua), tudo em meio a um jardim natural com belas orquídeas. Ali era a morada de Iaci, a Lua, a Mãe do Lago, que, para as índias, consolava os corações doentes. Elas tomaram posse do lugar, construíram suas moradias e adotaram o nome de Icamiabas.

Os homens, ao retornarem da caçada, encontraram a aldeia vazia, revirada, e os vestígios de violência e sangue deixado pelas índias. Eles ficaram com raiva, mas também sentiram a falta das mulheres; e se arrependeram de tê-las tratado com tanto desprezo. Por isso saíram a procurá-las.

Só as encontram depois de muitos dias de caminhada e depois de enfrentarem muitas dificuldades. Os índios precisaram passar por uma espécie *jornada expiatória* para reencontrarem as mulheres. Mas, ao se aproximarem, os homens foram recebidos por elas com hostilidade e restrições. Eles não podiam entrar na sua aldeia. Então se acamparam na outra margem do lago, onde aguardaram as ordens das Icamiabas. O distanciamento foi a condição que as mulheres lhes impuseram para lhes permitir, depois, a aproximação; para chegar perto delas e para, eventualmente, namorá-las.

À noite, quando chegavam as luas quarto crescentes e as luas cheias, Iaci surgia brilhando no céu. As mulheres permitiam, então, a aproximação dos homens. Aquele era o momento de começar as festas do amor, as Festas de Iaci, as festas da Lua. É quando a Lua, que também era a Mãe do Muiraquitã, que habita o fundo do lago, sobe ao céu entre belos cantos entoados pelas mulheres. Os homens não podiam ouvir essas canções.

Então, as mulheres se ungem, perfumam-se com óleos, para a noite de amor. Iaci ilumina o lago sagrado e as Icamiabas mergulham nele para receber da Mãe do Muiraquitã as pedras, transformadas em joias, como uma forma de consagração. Ao fim do ritual, as Icamiabas aceitam os índios pretendentes, com quem fazem amor. Depois, as índias lhes oferecem um muiraquitã, para que eles lhes sejam fiéis e para que, ao exibirem-no, sejam respeitados. Pois, segundo a narrativa, presentear um índio com um muiraquitã lhe trazia felicidade e boa sorte na caça e na vida. Além disso, o muiraquitã representava o ato sexual consumado, o enlace conjugal entre uma Icamiaba e um índio.

Tempos depois, os índios deviam retornar à sua aldeia de origem, com os filhos homens nascidos daquele enlace. As filhas mulheres ficavam com as índias.

Muiraquitã é uma palavra indígena que em tupi-guarani significa **nó das árvores** ou **nó das madeiras** (*mbïraki'tã*, de *muyrá* ou *mbyra*, árvore, pau, madeira, e *quitã*, nó, verruga, objeto de forma arredondada).

Os muiraquitãs são esculpidos em pedras de jade ou pedras de cor verde com desenhos e formas de animais que, geralmente, assemelham-se aos genitais masculinos e femininos, provavelmente para simbolizar o amor e o enlace sexual. O muiraquitã, enfim, é um elemento fundamental das histórias amazônicas, cuja origem suscita debate. Cascudo, no *Dicionário do folclore brasileiro*, (p. 465) sugere que pode haver uma relação entre possíveis migrações asiáticas e as pedras de muiraquitã:

> Barbosa Rodrigues via nelas a prova evidente de antigas migrações asiáticas. O certo é que até hoje no Amazonas, como no resto do continente americano, não se tem encontrado jazidas de jade ou mesmo jade que não tenha sido trabalhada, e que os artefatos encontrados tanto na América do Sul como na América do Norte parecem pertencer todos a uma mesma indústria e civilização. [...]

A história das Icamiabas tem muitos elementos fundadores, o que permite considerá-la como um mito. A separação e a união de homens e mulheres; a trágica morte dos filhos homens; a redefinição do status social de cada um; as relações entre eles, o amor, a família; e a intervenção divina.

Em sua revolta, conforme já descrito, as mulheres matam os seus filhos homens. Abdicam dos cabelos grandes, um símbolo feminino. Abandonam a aldeia. Não há uma informação explícita sobre a mutilação dos seios, como as amazonas. Mas é surpreendente o significado da palavra *Icamiaba*, do tupi *i + kama + îaba: peito partido*.

A revolta das Icamiabas é contra a dominação masculina e contra a exclusividade masculina das armas e dos instrumentos de caça, símbolos de sua supremacia. As mulheres libertam-se para fundar um lugar edênico, utópico. Trata-se, portanto, de uma narrativa feminista, cheia de simbolismos. Uma utopia que se realiza por meio da busca e do encontro de um *lugar bom*, um lugar onde as mulheres são respeitadas e onde os homens não podem mandar. Embora esse seja um *lugar que não existe*, continua sendo uma bandeira pela qual as mulheres e outros setores da sociedade ainda lutam.

Ao fundar outra aldeia, as mulheres assumem também outros papéis e responsabilidades, que lhes eram vedados na aldeia patriarcal. Agora, além da procriação, elas, tal como os homens, devem prover a sua própria sobrevivência. Além de serem guerreiras, devem caçar e plantar.

A esses elementos, que também fazem parte de uma narrativa mítica, acrescente-se a jornada de expiação vivida pelos homens até chegarem ao local sagrado, a morada de Iaci e das Icamiabas. Portanto, sua história poderia ser lida como uma metáfora da reconstrução da vida tribal e da fundação de outras formas de organização social de base matrilinear.

O muiraquitã também está relacionado à lenda de Macunaíma. O escritor Mário de Andrade, nas primeiras décadas do século XX, recontou essa história em sua obra *Macunaíma, o herói sem nenhum caráter*. A história de Macunaíma é comum a vários povos que habitam a floresta Amazônica.

Na narrativa de Andrade, Macunaíma ganhou o seu muiraquitã de Cy (Iaci), a Lua, depois que fez amor com ela. Mas, no caminho da mata para a cidade, perdeu o seu amuleto, que foi parar nas mãos de um empresário paulista, o gigante chamado Venceslau Pietro Pietra.

A saga de Macunaíma é a tentativa de resgatar seu talismã, recuperar a sua sorte, o seu amor. Nesse caso, sua trajetória poderia ser lida como uma metáfora do Brasil, como parte da história da formação da sociedade e da cultura brasileiras. Brasil, um país em busca de se encontrar, de encontrar o seu destino, sua identidade, sua cultura em formação.

O Macunaíma de Mário de Andrade nasceu preto e ficou branco. Além disso, vivencia uma grande diversidade de experiências culturais, de norte a sul do Brasil, nas quais está presente o denominador comum de miscigenação étnica e cultural. Como o Brasil é um país predominantemente mestiço, constituído por uma multiplicidade étnica, sua identidade também terá de ser múltipla, variada, com os caracteres de todas as contribuições culturais, que participaram no passado e ainda hoje participam da sua formação.

O livro de Mário é uma história a que os especialistas chamam de *rapsódia*; uma espécie de colcha de retalho construída a partir de uma grande variedade de mitos, lendas e contos amazônicos, nordestinos, brasileiros. Diversidade que caracteriza a sociedade brasileira. Parece não haver discordância quanto ao fato de se tratar de um texto escrito como uma espécie de retrato crítico, e ao mesmo tempo afetivo, do povo brasileiro.

Macunaíma é o herói sem *um* caráter, isto é, com *todos* os caracteres. É individualista; faz sempre o que deseja sem se preocupar com as outras pessoas e com as consequências. Macunaíma, embora inteligente, é preguiçoso, vaidoso, mentiroso e bajulador. Aparentemente, a única coisa que lhe interessa é o prazer, especialmente, o prazer sexual.

Ao final, depois de matar o gigante, o empresário Pietro Pietra, Macunaíma recuperou o muiraquitã. E retornou com os irmãos para a floresta. Chegando ao rio Uraricoera, o herói entristeceu-se ao ver a maloca de sua tribo destruída. Macunaíma ficou só. Todas as aves o abandonam, apenas um papagaio, a quem contou a sua história, permaneceu com ele. Enfim, ele morreu e foi para o céu, transformado na constelação da Ursa Maior. Mário de Andrade, autor do romance e narrador, finalmente revela que ficou conhecendo essa história por meio do papagaio ao qual Macunaíma havia relatado suas aventuras. Nem tudo está perdido.

REFERÊNCIAS

ANDRADE, Mário de. **Macunaíma:** um herói sem nenhum caráter. Brasília: CNPq, 1988.

ANDRADE, Oswald de. **A utopia antropofágica:** manifestos e teses. São Paulo: Globo, 1996.

CASCUDO, Luís da Câmara. **Antologia brasileira de folclore.** São Paulo: Global, 2001.

_____. **Dicionário do folclore brasileiro.** São Paulo: Global, 2012a.

_____. **Folclore do Brasil.** São Paulo: Global, 2012b.

Sites consultados

http://eventosmitologiagrega.blogspot.com.br/2011/06/amazonas-as-mulheres-guerreiras.html

https://pt.wikipedia.org/wiki/Amazonas_(mitologia)

https://pt.wikipedia.org/wiki/Icamiabas

indiosdobrasilsomostodosirmaos.blogspot.com/2009/03/lenda-das-icamiabas.html

www.sohistoria.com.br/lendasemitos/muiraquita/

noamazonaseassim.com.br/a-lenda-do-muiraquita/

lendasdobrasil.blogspot.com/2012/01/lenda-de-macunaima.html

estoriasdelua.blogs.sapo.pt/18358.html

PINDORAMA

PINDORAMA – NATAL, 2017. PEDRO DE LIMA.

A história das sociedades humanas está impregnada de violências. Ao longo de milênios, hordas, tribos, reinos, repúblicas e impérios desapareceram vítimas das guerras de conquista, da disputa por territórios, da violência da dominação e da exploração, dando lugar a outros poderes.

A conquista da América por espanhóis, portugueses, holandeses, ingleses e franceses resultou no massacre de milhões de pessoas. Não se trata de fazer um julgamento ético a posteriori. Trata-se de reconhecer e enfrentar a realidade trágica vivida pelas populações indígenas que habitavam o espaço que, hoje, constitui o continente americano. As marcas da violência praticada pelos exploradores ainda estão presentes nas diversas sociedades que resultaram do processo de colonização: a exclusão de grandes parcelas da população, a pobreza e a miséria.

Porém, antes de falar de Pindorama, aproveito para fazer duas perguntas preliminares: por que os habitantes do Novo Mundo foram chamados de índios? Por que o Novo Mundo foi chamado de América?

As expressões índios ou *indígenas* decorrem do equívoco de Cristóvão Colombo, que acreditava haver chegado à Índia navegando para Ocidente, a caminho da China e do Japão. Desde então apaches, astecas e tupinambás são chamados de índios.

As expressões *américa* e *americano* resultam de outro equívoco que envolveu um personagem mais aventureiro do que navegador. O italiano Américo Vespúcio, acompanhando outros navegadores, escreveu cartas a destinatários europeus narrando as características e as coisas das terras descobertas. Essas terras logo ficaram conhecidas como as terras descritas pelo Américo; as terras do Américo; e, por conseguinte, **América**, na declinação do latim. Não demorou muito e o cartógrafo suíço Martin Waldeseemüller associou o nome de Américo Vespúcio às terras descobertas por Cristóvão Colombo. Esse cartógrafo, em 1507, batizou o seu novo mapa de América, a terra do Américo.

Existem muitas explicações para a origem do nome Brasil. A história do pau-brasil parece contentar à grande maioria das pessoas. É uma solução local que, depois, serviu para alimentar o nosso nacionalismo.

Mas o fato é que antes o Brasil não existia. O que existia era Pindorama. A palavra é um vocábulo da língua tupi: *pindó-rama* ou *pindó-retama*, significando **terra/lugar/região das palmeiras**. Outra possibilidade, mais poética, seria a junção da palavra *pin'dob*, que significa **palmeira**, com a palavra *orama*, que significa **espetáculo**, ou seja, o espetáculo das palmeiras. Portanto, o território que mais tarde será o Brasil era chamado de *a terra das palmeiras*. A denominação refere-se à grande variedade de palmeiras que existem aqui. Eis algumas palmeiras: açaí, juçara, inajá, pupunha, buriti, bacaba, tucum, macaúba, tucumã, pindoba, catolé, carnaúba, tucumaí etc. Afinal, como disse o poeta, *minha terra tem palmeiras...*

Por falar nisso, foi em Caxias, no Maranhão, onde nasceu o poeta Gonçalves Dias, que, ainda criança, vi índios pela primeira vez. Eles andavam nas ruas da cidade e no mercado, com arcos, flechas e plumagens. Seriam índios guajajaras, provavelmente. Nós, as crianças, tínhamos medo deles, e os adultos, de um modo geral, não gostavam de sua presença. Mais tarde, no final dos anos 1960, já em Brasília, reencontrei os índios na Universidade de Brasília. Deviam ser índios kraôs, que participavam de programas de pesquisas com professores da universidade e do Instituto Summer, creio. Eles hospedavam-se no Centro Olímpico da UnB, então um alojamento provisório de estudantes constituído por um conjunto de grandes barracões de madeira, onde também morei, entre 1968 e 1970. Ali também havia, no primeiro barracão, uma sala com exposição de objetos da cultura indígena.

Embora ainda causassem estranheza, os índios circulavam livremente pelo *campus* da UnB e tinham a condescendência da maioria das pessoas. Mas o preconceito e a discriminação persistiam, como persistem até hoje. Há alguns anos, um índio foi morto, incendiado, em uma parada de ônibus na avenida W3 Sul, em Brasília.

A partir de 1500, Pindorama, a terra encantada dos tupis-guaranis, foi ficando o contrário do que os índios imaginavam e viviam. Para aqueles povos, Pindorama seria uma *terra livre dos males*. Pelo menos seria assim até a chegada dos portugueses. Além da exuberante beleza tropical, os conquistadores ficaram impactados quando viram os primeiros habitantes de Pindorama. A beleza de seus corpos e a naturalidade com que se mostravam nus marcaram sua primeira impressão. Era tudo diferente do que os portugueses conheciam.

Mas a atenção dos conquistadores estava voltada para a possibilidade de haver metais preciosos na terra. Queriam saber da existência de alguma riqueza que pudesse ser explorada imediatamente. Perceberam que a dominação e a exploração da terra não seriam difíceis. Pois, de fato, além da superioridade militar portuguesa, os índios logo passariam a colaborar com os conquistadores, primeiramente, na exploração do pau-brasil, animais e outros produtos da terra.

Quando os europeus invadiram Pindorama e fundaram uma colônia, em 1500, a população indígena oscilava entre 4 e 5 milhões de habitantes. O processo de ocupação e exploração do Brasil, desde a extração do pau-brasil até a introdução de outras atividades produtivas, como o açúcar, a pecuária, a mineração etc., acelera a extinção de muitos grupos indígenas.

A caça e o apresamento de índios para o trabalho nas fazendas, os massacres deliberados, o plantio dos canaviais, a instalação dos currais de gado nos primeiros séculos da colonização e, em tempos mais recentes, as madeireiras, os garimpos e a expansão do agronegócio (gado, soja etc.) reduziram a população indígena. Hoje, essa população seria de 890 mil pessoas, aproximadamente.

Ainda sobrevivem, em diversas regiões do país, mais de 283 etnias, com 180 línguas e dialetos. Grande parte dessa população vive no estado do Amazonas, sendo que algumas tribos (55) ainda não foram contatadas ou estão isoladas. Outros grupos vivem no Parque Xingu e outras reservas.

Segundo a Fundação Nacional do Índio (Funai), atualmente, as tribos com o maior número de integrantes são: Ticuna – 35.000; Guarani – 30.000; Caingangue – 25.000; Macuxi – 20.000; Terrena – 16.000; Guajajara – 14.000; Xavante – 12.000; Ianomâmi – 12.000; Paxató – 9.700; e Potiguara – 7.700.

A situação dos índios é muito difícil de equacionar. Beira a tragédia. Hoje, eles têm direito a um território em uma reserva, mas não têm soberania. São tutelados pelo Estado Nacional. O Estado também é composto por setores que representam os interesses que demandam a construção de usinas hidrelétricas, garimpam ouro e outros metais, transformam florestas em madeira e plantam soja e outros grãos. A construção de hidrelétricas e a realização de outros grandes empreendimentos, em áreas habitadas por índios, interferem no seu meio ambiente e em sua vida, obrigando-os a se deslocarem de suas terras. Contraditoriamente, também cabe a esse Estado defender os interesses dos índios. Evitar ou minimizar os danos ambientais causados pelas hidrelétricas e compensar os índios, para que eles possam manter o seu modo de vida, além de protegê-los das pressões exercidas pelos garimpeiros, madeireiras e pelo agronegócio.

Muitos criticam a tutela do Estado sobre os índios. Apesar de tudo, creio que sem essa tutela a ação dos fazendeiros, garimpeiros, madeireiros *grileiros* e posseiros, contaminando, invadindo e apropriando-se das terras indígenas, seria ainda mais devastadora.

O destino dos índios parece estar atrelado ao destino da população pobre brasileira. À medida que se eliminem as desigualdades sociais, universalize-se a justiça e se consolide a democracia, os índios e os pobres poderão ter, minimamente, os seus direitos garantidos. Entretanto isso não deve servir de desculpa para inibir as lutas específicas.

Ao longo desses cinco séculos de existência do Brasil, a população indígena tem contribuído de forma significativa para a construção da cultura brasileira. São exemplos disso a introdução e a difusão de plantas nativas na culinária brasileira, como a mandioca, o milho, a batata-doce, a pimenta, o caju, o abacaxi, o amendoim, o mamão, a abóbora e o feijão. Eles também difundiram o uso da rede de dormir, o jogo de peteca e a prática do banho diário, que europeus desconheciam até então.

A língua portuguesa também se transformou significativamente, com a incorporação ao seu léxico de mais de 20 mil palavras de origem indígena, referentes a nomes de divindades, lugares, pessoas, plantas e animais. Além da incorporação de muitas lendas ao folclore brasileiro, as tradições indígenas também estão presentes nos grupos de Caboclinhos que se apresentam durante o Carnaval, em personagens do Bumba meu boi e de outros folguedos, e na religião, na Umbanda. A própria população brasileira, por meio da mestiçagem, traz na sua composição biológica e étnica a presença indígena.

Hoje, quando o mercado já assumiu uma posição hegemônica e global sobre o planeta, perpetuando a pobreza e provocando desequilíbrios ecológicos irreparáveis, certos valores indígenas se sobressaem. Sua relação de respeito e harmonia com as pessoas e com a natureza se torna uma referência fundamental quando se busca estabelecer práticas sociais e produtivas justas e mais sustentáveis.

Porém os próprios índios vivem uma grande contradição. Sua sobrevivência depende, em grande parte, de sua transformação. Seu maior desafio é conseguir sobreviver e preservar suas tradições em meio à sociedade brasileira em franca e constante transformação, nem sempre para melhor.

REFERÊNCIAS

COLOMBO, Cristóvão. **Diários da descoberta da América.** Porto Alegre: LPM, 1998.

FERNÁNDEZ-ARMESTO, Felipe. **Américo:** o homem que deu seu nome ao continente. São Paulo: Companhia das Letras, 2011.

RIBEIRO, Berta. **Diário do Xingu.** Rio de Janeiro: Paz e Terra, 1979.

VESPÚCIO, Américo. **Novo mundo:** cartas de viagens e descobertas. Porto Alegre: LPM, 1984.

VILLAS-BÔAS, Claudio; VILLAS-BÔAS, Orlando. **Xingu:** o velho Káia conta a história do seu povo. Porto Alegre: Kuarup, 1989.

Sites consultados

www.dicionarioinformal.com.br/pindorama/

https://pt.wikipedia.org/wiki/Pindorama

http://www.sohistoria.com.br/ef2/descobrimento/p2.php

https://pib.socioambiental.org/pt/c/no-brasil-atual/.../quantos-eram-quantos-serao

http://www.funai.gov.br/index.php/indios-no-brasil/o-brasil-indigena-ibge

www.funai.gov.br/index.php/indios-no-brasil/quem-sao

XINGU

XINGU – NATAL, 2017. PEDRO DE LIMA.

No final do século XIX, logo depois da Proclamação da República, um dos objetivos da política nacionalista do governo era proteger as fronteiras nacionais, criando condições para a ocupação de uma parte significativa do território brasileiro. Como consequência, a partir de 1890, o Governo Federal começou a implantar linhas e postos telegráficos, principalmente, nas áreas fronteiriças do País.

Na direção desse trabalho, estava a figura heroica do marechal Cândido Mariano da Silva Rondon. Não obstante as dificuldades que enfrentou, além da expansão da rede telegráfica, Rondon entrou em contato com muitos grupos indígenas. Ao retornar dessas expedições, o marechal trouxe consigo uma grande quantidade de material etnográfico e iconográfico, cuja divulgação contribuiu para o conhecimento dos problemas vividos pelos índios e para o desenvolvimento de políticas públicas voltadas para aquela população.

Em 1910, o Marechal Rondon criou, como parte da política do Governo Federal, o Serviço de Proteção aos Índios (SPI), que visava protegê-los e realizar sua integração à sociedade brasileira e ao sistema produtivo. O Serviço de Proteção aos Índios funcionou até 1967, quando foi substituído pela Fundação Nacional do Índio (Funai).

Os massacres de índios, iniciados no século XVI, continuaram até o início do século XX, apesar dos protestos de parte da sociedade civil. As elites brasileiras não se importavam com o destino dos índios. Muitos os consideravam como um entrave ao desenvolvimento e, por isso, não se preocupavam com a sua extinção. A política indigenista estatal ou era inócua, ou omissa, ou tinha como pressuposto a integração dos índios à sociedade brasileira, com a consequente extinção das diferentes etnias. Essa situação só começou a mudar na medida em que foi iniciado o processo de criação do Parque Indígena do Xingu.

Somente em 1961 é que foi criado o Parque Indígena do Xingu, durante o governo do então presidente Jânio Quadros. Desde a década anterior, os irmãos Villas-Boas entregaram-se a essa luta longa e difícil. A criação do Parque também resulta desse engajamento e determinação. O Parque dava prosseguimento à ação desenvolvida pelo Marechal Cândido Rondon. Sua criação contou com a participação de pessoas como Darcy Ribeiro, antropólogo e funcionário do Serviço de Proteção ao Índio, e o sanitarista Noel Nutels.

Outros antecedentes da criação do Parque foram a Expedição Roncador-Xingu e a Marcha para o Oeste, ações planejadas no governo do presidente Getúlio Vargas, iniciadas em 1943, para desbravar e tornar possível a exploração da região central do Brasil e de suas fronteiras a Oeste.

Os pesquisadores consideram que a liderança dos irmãos Villas-Bôas, adotando a filosofia do Marechal Rondon (*Morrer se preciso for, matar nunca!*), transformou o caráter militarista da Marcha para o Oeste. Eles transformaram as expectativas de encontros violentos com os indígenas em uma expedição de conhecimento do sul da Amazônia e de contato com diversas tribos de índios até então desconhecidas.

Para os irmãos Villas-Bôas, naquela etapa da história brasileira, tratava-se de proteger os índios a qualquer custo. Eles entendiam, então, que a sobrevivência daqueles povos indígenas era o trabalho mais importante e inadiável.

De acordo com os especialistas, o Parque cumpriu com a tarefa principal estabelecida pelos Villas-Bôas, que visava proteger o índio do contato com a cultura dos grandes centros urbanos. Na época, por exemplo, no parque não era permitido nem usar chinelos ou andar de bicicleta, para que nada interferisse no modo de vida da comunidade indígena.

Ao longo de sua existência, o Parque do Xingu foi se transformando, adaptando-se a novas demandas sociais e a novos modos de ver a questão indígena e a relação dos índios com esta sociedade. Em face do inexorável contato das culturas indígenas com a sociedade brasileira, algumas regras de funcionamento do Parque foram atenuadas.

O trabalho realizado pelos irmãos Villas-Bôas é considerado um dos mais importantes e mais polêmicos episódios da antropologia brasileira e da história indígena. Apesar das dificuldades enfrentadas pelos índios, o Parque continua funcionando adequadamente.

O Parque Indígena do Xingu é a maior reserva do gênero no mundo. Sua área abrange mais de 27.000 quilômetros quadrados. Está situado ao norte do estado de Mato Grosso, em uma zona de transição entre os Cerrados do planalto central e a Floresta Amazônica. A região, onde está o parque, banhada pelo rio Xingu e por seus formadores e afluentes, é plana, com matas, cerrados e campos.

Na área do Parque, vivem cerca de 5.500 índios, de 14 etnias, pertencentes aos quatro grandes *troncos linguísticos* do Brasil. Os pesquisadores e sertanistas consideram a área do Parque do Xingu como *o mais belo mosaico linguístico do país*. Habitam o Parque os cuicuros, calapalos, nauquás, matipus, icpengues (tronco linguístico caribe); os meinacos, uaurás, yawlapitis (tronco linguístico aruaque); os auetis, camaiurás, jurunas, caiabis (tronco linguístico tupi); os trumais (língua isolada); e os suiás (tronco linguístico macro-jê).

Os irmãos Cláudio, Leonardo e Orlando Villas-Bôas consideravam os povos do Xingu como índios de cultura pura. Sua inclusão no Parque preservá-los-ia do avanço da fronteira agrícola para Oeste, como parte da expansão econômica do Brasil. Hoje, o Parque encontra-se cercado pelas imensas plantações do agronegócio.

Orlando Villas-Bôas dirigiu o Parque desde sua criação. Ele melhorou a assistência aos índios, garantiu a preservação da fauna e da flora da região e reaparelhou os postos de assistência. Orlando Villas-Bôas favoreceu a realização de filmagens sobre a vida dos índios, de estudos de Etnologia, Etnografia e Linguística, a pesquisadores brasileiros e estrangeiros. Um trabalho reconhecido em todo mundo como um dos mais importantes para a preservação da diversidade das pessoas.

REFERÊNCIAS

FRANCHETTO, Bruna (Org.). **Alto Xingu:** uma sociedade multilíngue. Rio de Janeiro: Museu do Índio/Funai. 2011. (Coletânea de artigos sobre linguística, antropologia e arqueologia do Alto Xingu).

LASMAR, Denise Portugal. **O acervo imagético da Comissão Rondon:** no Museu do Índio 1890 – 1938. 2. ed. Rio de Janeiro: Museu do índio, 2001.

RIBEIRO, Berta. **Diário do Xingu.** Rio de Janeiro: Paz e Terra, 1979.

RONDON, Cândido Mariano da Silva. Índios do Brasil do Centro ao Noroeste e Sul de **Mato-Grosso.** v. I. Rio de Janeiro: Ministério da Agricultura/CNPI, 1946.

_____. **Índios do Brasil:** Cabeceiras do Xingu/Rio Araguaia e Oiapóque. v. II. Rio de Janeiro: Ministério da Agricultura / CNPI, 1953.

_____. **Índios do Brasil:** Norte do Rio Amazonas. v. III. Rio de Janeiro: Ministério da Agricultura / CNPI, 1953.

VILLAS-BÔAS, Claudio; VILLAS-BÔAS, Orlando. **Xingu:** o velho Káia conta a história do seu povo. Porto Alegre: Kuarup, 1989.

Sites consultados

http://www.brasiloeste.com.br/2003/12/entrevista-orlando-villas-boas/

http://www.brasiloeste.com.br/galerias/xingu/

http://www.mpi.nl/DOBES/projects/trumai-pt/TrumaiMAPA-XINGU.jpg

escola.britannica.com.br/article/483650/**Parque**-Indigena-do-**Xingu**

https://pt.wikipedia.org/wiki/**Parque**_Indígena_do_**Xingu**

QUARUP

QUARUP – NATAL, 2017. PEDRO DE LIMA.

A criação do Parque Indígena do Xingu e o processo de demarcação das terras indígenas sofreram no início e ainda sofrem a oposição tanto de setores públicos quanto privados. As bancadas ruralistas e ligadas ao agronegócio, no Congresso, os fazendeiros, garimpeiros e madeireiros, que já haviam conseguido a diminuição radical da área proposta para a constituição do Parque, continuaram e continuam pressionando.

De fato, foi sob intensa pressão que muitas tribos concordaram em ir para a reserva do Parque. A Região Centro-Oeste, desde o período colonial, vinha sendo ocupada por índios que migravam de regiões próximas do litoral, forçados pela expansão dos canaviais e dos currais de gado. Na Região Norte, a pressão vinha dos garimpos e das madeireiras. Essa situação contribuiu para que os índios aceitassem viver no Parque.

O Parque do Xingu é um território multicultural, onde cerca de 6 mil pessoas de diferentes etnias convivem pacificamente. A necessidade de sobrevivência transformou essas tribos indígenas, que, antes, tinham a guerra como parte de sua cultura, em povos pacíficos e condescendentes.

O Parque pretendia proteger os índios, para que pudessem preservar sua cultura dita primitiva sem a interferência da cultura ocidental. Porém sua capacidade de resistência e de transformação contestam, na prática, certas noções de primitivismo. Os índios, de um modo geral e os do Parque do Xingu, ensinam-nos sobre a felicidade de viver em grupo, sobre o saber viver em comunidade com respeito ao indivíduo. A experiência desenvolvida, ao longo de décadas, no Parque do Xingu é uma das alternativas contra o etnocentrismo, dizem os especialistas. A convivência de várias tribos em um mesmo território permite relativizar os padrões culturais dominantes.

A história do Parque Indígena do Xingu, suas transformações e conquistas são uma lição para os brasileiros. Nós, que gostamos da ideia, muitas vezes apenas retórica, de sermos um povo multirracial e multiétnico, ainda temos muito que aprender, para respeitar o outro, o diferente, para superarmos os preconceitos e a discriminação. A defesa e a preservação do Parque do Xingu poderão ajudar o Brasil a ser, de fato, uma nação multicultural.

Nesse clima de paz e harmonia, as tribos da região do Xingu, ao longo do tempo, vêm estreitando suas relações sociais e desenvolvendo rituais comuns. Eles adaptaram os seus mitos de origem para a construção de um mito comum e realizam casamentos intertribais. Dessas uniões se desenvolvem famílias formadas por integrantes de diferentes tribos; os seus filhos são índios poliglotas, que falam quatro ou cinco línguas.

Os índios das diversas tribos encontram-se periodicamente, com diferentes propósitos. Para a troca de bens (*moitará*), para os torneios de luta (*huka-huka*) e, principalmente, para a cerimônia que homenageia os mortos, o *kwarup*.

A cerimônia do *quarup* faz parte da mitologia dos povos indígenas da região do Xingu. Segundo essa mitologia, os primeiros seres humanos foram entalhados em madeira por um *demiurgo*, um ser intermediário do deus na criação do mundo. Entretanto esses homens de madeira não viviam para sempre; morriam. O demiurgo tentava ressuscitá-los, mas não o conseguia. Como consequência, a morte instituiu-se como definitiva. E passou a ser comemorada na cerimônia do *quarup*, na qual troncos da mesma madeira com que se faziam os homens servem de símbolo do homem morto.

Anualmente os índios que habitam o Parque do Xingu realizam a festa do *quarup* para homenagear as pessoas que morreram recentemente. Os índios da tribo Kuikuro realizam o seu *quarup* no mês de maio, em uma noite de lua cheia. Na ocasião, outras tribos são convidadas pelos Kuikuro para, juntos, homenagearem as almas dos mortos.

Grandes e pesadas toras de madeira trazidas da floresta representam os mortos que serão homenageados. Elas são colocadas em linha reta no terreno, no centro da aldeia, em frente às malocas. Esses troncos, isto é, os *quarup,* são, para os índios, uma representação concreta do espírito dos mortos. Eles são pintados com desenhos que evocam a figura humana e enfeitados com objetos (cocares, faixas, cordões etc.) que identificam cada um dos mortos, com sua função e importância na tribo (pajés, guerreiros, caçadores etc.). Enquanto alguns índios realizam esse trabalho, outros armados com arco e flechas entoam cânticos em homenagem aos mortos.

Trata-se de uma espécie de cerimônia de finados, com significados diferentes dos ocidentais e com muita alegria. Para participar da Festa do *Quarup*, os índios se pintam e se enfeitam para ficarem mais bonitos.

Quando os *quarups* estão arrumados, os homens entram gritando nas malocas de onde saem acompanhados de mulheres e crianças. As mulheres, com belos cocares, braceletes e colares coloridos, dançam acompanhado os homens. As índias, em voz baixa, oferecem comida aos *quarups* e os enfeitam com cocares, plumas e braceletes.

À noite os homens acendem tochas de palha. E dançam. Primeiro em passos cadenciados; depois em um crescendo cada vez maior, ao ritmo do chocalhar dos maracás e das canções rituais. Depois o pajé faz uma evocação a Tupã, implorando para que ressuscite aqueles mortos. Os homens dispersam-se pelo terreno, enquanto o pajé continua a cantar para Tupã e para os mortos até o alvorecer.

Quando amanhece, os atletas das tribos começam a *dança da vida*, cada um trazendo ao ombro uma longa vara verdejante, que representa os novos nascimentos. Os atletas, formando um grande círculo, correm em reverência ao redor dos *quarups*. Em seguida, formam-se os diferentes grupos representando as tribos que estão participando do *quarup*. Por fim, depois de um silêncio em homenagem a esses últimos nascidos, começam as lutas que os índios denominam de *huka-huka*.

Depois dessas lutas, a Festa do *Quarup* encerra-se com uma procissão até o rio, onde os *quarups* são colocados nas suas águas.

Uma das festas mais lembradas foi o *quarup* de Orlando Villas-Bôas, primeiro diretor do Parque do Xingu, realizado em 2003. A festa, simbolizando o fim do luto pela morte do sertanista, foi organizada pelo cacique Aritana, então a principal liderança do Alto Xingu. Aritana era o chefe da Aldeia Yawalapiti, onde vivem 215 índios em 14 malocas.

No início da festa, que durou três dias, dois índios, acompanhados por duas índias, espantavam a tristeza das malocas tocando um instrumento chamado *watana*, parecido a uma grande flauta. Enquanto os índios preparavam-se para a festa, os convidados iam chegando. Grande parte dos convidados, vindos de outras tribos, acampava ao redor da aldeia, às margens do rio Tuatuari. Os homens e as mulheres tinham seus corpos pintados com óleo de pequi, urucum e jenipapo. Usavam faixas de cordões e miçangas na cintura e no ventre, nos braços e nos joelhos.

O tronco de madeira simbolizando Orlando Villas-Bôas, o seu *quarup*, foi colocado no centro da aldeia, pintado e enfeitado com faixas amarelas e laranjas, e penas de arara e gavião. Junto dele, recebendo as homenagens das tribos convidadas, com danças, cantos e lamentações, estavam seus familiares: Marina, sua viúva, e seus dois filhos, Orlando Villas-Bôas Filho e Noel, também pintados com urucum e pequi no corpo e nos cabelos. Os amigos mais próximos também estavam ali.

No domingo pela manhã, as tribos convidadas entraram no pátio central da aldeia dos Yawalapiti para a parte final da cerimônia, as lutas huka-huka, entre os atletas das diferentes tribos. A tribo dos Kuikuro ganhou a competição.

Em seguida, depois do almoço, a festa terminou com uma reunião, na qual as lideranças indígenas presentes fizeram declarações: *"Gostaríamos que todos, governo brasileiro e governo estrangeiro, olhassem para a situação dos índios"*, disse Piracumã Yawalapiti. *"Quero reforçar a todas as autoridades que estamos sofrendo bastante com a destruição das nossas matas. Quero que nossos irmãos brancos sigam o seu exemplo* (de Orlando Villas-Bôas)", disse o xavante Diogo Amho Juruna.

No fim da tarde, o *quarup* de Orlando foi jogado no rio Tuatuari junto ao do seu irmão Cláudio Villas-Bôas, que havia sido homenageado com um *quarup* em 1998. A esposa de Orlando disse: *"Foi a maior homenagem que ele poderia receber tanto em vida como em morte. Isso mostra que ele continua vivo na memória dos índios."*

O *quarup* ensina-nos sobre o sentimento dos índios com relação à morte. Eles a celebram, demonstrando afeto e respeito pelos mortos. O *quarup* é uma forma festiva de sentir saudade dos mortos. Eles cantam a falta que o morto faz e, ao mesmo tempo, expressam a alegria de estar vivo e em comunhão com a natureza.

REFERÊNCIAS

RIBEIRO, Berta. **Diário do Xingu.** Rio de Janeiro: Paz e Terra, 1979.

VILLAS-BÔAS, Claudio; VILLAS-BÔAS, Orlando. **Xingu:** o velho Káia conta a história do seu povo. Porto Alegre: Kuarup, 1989.

Sites consultados

http://www.brasiloeste.com.br/2003/12/entrevista-orlando-villas-boas/

http://www.brasiloeste.com.br/galerias/xingu/

http://www.mpi.nl/DOBES/projects/trumai-pt/TrumaiMAPA-XINGU.jpg

escola.britannica.com.br/article/483650/Parque-Indigena-do-Xingu

https://pt.wikipedia.org/wiki/Parque_Indígena_do_Xingu

https://www.significados.com.br/kuarup/

https://pt.wikipedia.org/wiki/Quarup

https://www.youtube.com/watch?v=e8NPt-_nCiQ

noticias.uol.com.br/inter/reuters/2003/07/21/ult27u37050.jhtm

AFRICANA

AFRICANA – NATAL, 2017. PEDRO DE LIMA.

As histórias e as culturas dos povos africanos ainda são pouco conhecidas pelos brasileiros. Mesmo as pessoas bem informadas mostram pouco ou nenhum interesse por essas histórias, culturas e povos que viveram e vivem no continente africano.

Geralmente a África é vista de uma forma estereotipada. É o continente fornecedor de escravos, onde vive, miseravelmente, uma gente de pele negra, de costumes primitivos, muitos ainda em estado tribal. Essa visão e essa realidade foram construídas historicamente, durante séculos de colonização europeia. Colonização que se fez, e ainda se faz, violentamente, fragmentando os territórios tribais, separando as etnias, escravizando pessoas e destruindo culturas; explorando riquezas e degradando a natureza.

Os safáris, forma cruel de entretenimento das elites brancas, dizimaram muitas espécies de animais, ameaçando outras de extinção. A truculenta e voraz extração de riquezas minerais, como o diamante, e, principalmente, o tráfico de escravos condenaram a África e seus habitantes a um estado de miséria e pobreza.

A colonização europeia e a escravidão também foram uma contribuição fundamental para a acumulação primitiva de capital e para o desenvolvimento do capitalismo. O fortalecimento e a hegemonia das nações centrais do capitalismo fizeram-se ao longo dos últimos cinco séculos por meio da espoliação de povos asiáticos, africanos e americanos. Espanha e Portugal inauguraram esse processo, sendo depois superados por ingleses, holandeses, franceses, belgas e estadunidenses.

No caso de Portugal, o processo de espoliação africana e indígena teve como um dos resultados a criação do Brasil. Dos 500 anos de história do País, mais de 300 anos estão marcados pelo regime de escravidão e pela extinção de muitos povos que habitavam Pindorama antes da chegada dos portugueses.

Ao longo desse período, milhões de negros foram transplantados da Costa da África para o Brasil, e para outras localidades. Eles constituíram a mão de obra que possibilitou o funcionamento das fazendas de gado, dos canaviais e engenhos de açúcar, dos garimpos e minas e, mais tarde, também dos cafezais.

Enquanto crescia a empresa colonial e imperial, entre os séculos XVII e XIX, também se desenvolvia o processo de miscigenação de portugueses e indígenas, e, principalmente, de portugueses e negros. Daí resultou a formação de uma sociedade mestiça execrada pelas elites locais, constituída por brancos latifundiários e escravistas. Para essas elites, a miscigenação era uma mancha que lhes diminuía e envergonhava, principalmente diante do mundo branco e ocidental, o qual consideram como o seu único ascendente.

No fim dos anos 1960 e início dos anos 1970, voltou-se a discutir, em outro patamar, temas que vinham do final do século XIX, sobre a mestiçagem e a formação da sociedade e cultura brasileiras. Afirmava-se, então, a definição do povo brasileiro como um *povo novo*, fruto de um processo secular de mestiçagem. Como tal, o brasileiro não teria o peso das tradições, estando sempre aberto ao novo. Na base desse pensamento está a defesa da diversidade étnica e cultural como um dos valores do povo e da cultura brasileira.

Muitos brasileiros adotaram esse pensamento como um modo de vida, principalmente nos anos obscuros e turbulentos de vigência do regime militar, a partir de 1964. Entretanto o preconceito de cor e a consequente discriminação continuaram perto de nós. De minha família e de milhões de negros, mulatos, pardos, morenos, criando barreiras visíveis e invisíveis, e nos constrangendo em diversos momentos.

Sou negro. Moreno, mulato ou pardo. Sou filho de um negro e de uma branca. Sou, como milhões, fruto e parte desse processo, ainda em curso, de formação histórica, étnica e cultural do Brasil e do povo brasileiro. Minha origem negra e a convivência com muitos parentes negros e pobres ensinaram-me a compreender as diferenças sociais e de cor, a lutar contra o preconceito e a discriminação, e alimentaram o meu fascínio pelas coisas da África. Infelizmente esse conhecimento não foi suficiente para evitar os constrangimentos e os percalços que ainda viriam.

Pois eu, um negro registrado no cartório como pardo, quando nasceram minhas filhas, ainda não estava suficientemente esclarecido para superar o meu próprio preconceito. Então, registrei as minhas meninas, filhas de mãe branca, como morenas. Felizmente elas foram criadas sabendo que são negras.

Meu pai negro, de origem pobre, com formação primária incompleta, superou-se, venceu barreiras, estudou e ascendeu economicamente, o que abriu as portas sociais para si e para a família. Assim, eu e meus irmãos pudemos estudar nos melhores colégios. Frequentamos os melhores clubes. E convivemos com os integrantes das elites locais, em Caxias (Maranhão), nossa terra natal, e no Crato (Ceará), onde fixamos residência, no início dos anos 1960.

Essa ascensão social, entretanto, apenas atenuou ou camuflou o preconceito e a discriminação. Foi com a nossa resistência e luta que conseguimos superar as dificuldades, obstáculos e armadilhas que se colocaram nos nossos caminhos.

Não obstante os discursos acerca de uma ilusória democracia racial, os negros brasileiros ainda sofrem do preconceito e são os mais discriminados entre os grupos étnicos que formam a população do País. Para ter certeza disso, não necessito de estatísticas ou de dados oficiais. Basta que eu ande pelas ruas; que eu entre em lojas, bancos, escolas; ou que eu veja o que é publicado nos meios de comunicação.

Nas ruas, os negros são destacados como pessoas perigosas. Para os outros, a aproximação dos negros e a possibilidade do encontro com eles são potencialmente perigosos. *Eles podem ser mendigos, assaltantes ou assassinos!*

Nas escolas de todos os níveis, públicas ou particulares, os chamados *afrodescendentes* ainda são uma gritante minoria. Ali, quando conseguem matrícula, eles são preteridos e costumam ser alvo de *bullying*. Além disso, o déficit cultural dessa parte da população atua negativamente no seu processo de aprendizagem, diminuindo, consequentemente, as suas oportunidades de trabalho, emprego, renda e consumo e de inserção social, enfim.

Nas lojas, bancos e outros locais de serviços destinados ao público, geralmente, os negros são atendidos de forma desrespeitosa ou, quando menos, de um modo que sempre os relega a um plano inferior.

Nos meios de comunicação, embora o preconceito e a discriminação venham sendo atenuados (ou camuflados), eles ainda existem, especialmente na televisão, em que os negros (quando aparecem) ocupam sempre funções subalternas ou indesejáveis pelos brancos. Na imprensa escrita, falada, televisiva, e agora na internet, as notícias, reportagens e outras publicações comprovam o preconceito e a discriminação: os negros protagonizam, geralmente, notícias em que são os delinquentes, são os que sofrem a maioria das mortes violentas, são uma parte significativa da população que lota os presídios, e seus salários são mais de 30% menores que os dos outros trabalhadores.

Ao longo de minha trajetória, como estudante e, depois, como professor universitário, também vivi situações humilhantes. Por isso, é com tristeza e indignação que posso reafirmar tudo o que escrevi até aqui.

Um certo pensamento esquerdista, fundamentado no viés ideológico, da determinação econômica e da luta de classes, costuma afirmar que a discriminação é, antes de tudo, social e econômica. De acordo com as pessoas que pensam assim, a discriminação manifesta-se, primordialmente, contra os pobres (o proletariado!), independentemente de sua cor. Isso, em parte, pode acontecer, haja vista que a ascensão econômica traduzir-se-ia em ascensão social.

Mas, olhando e vivendo o cotidiano, a minha experiência diz o contrário. Nas ruas e em outros lugares, as pessoas me veem primeiro como um negro. É natural que me vejam assim (pois eu sou um negro!), embora a minha expectativa é que me vejam apenas como uma pessoa. Mas não: os olhares são de desaprovação e descontentamento pela presença de um negro dividindo o mesmo espaço. E quando eu chego mais perto, as mulheres, principalmente, procuram se proteger e proteger, apressadamente, as suas bolsas. Para elas, eu sou potencialmente perigoso.

Devo dizer, lamentavelmente, que a cor da minha pele sobrepõe-se a qualquer racionalidade. A mulher assustada não vê a minha formação universitária, minha categoria profissional, minha titulação acadêmica e a minha condição social e econômica, nem o fato de que costumo ser gentil com as pessoas. O que se evidencia para ela é que sou negro e, portanto, potencialmente perigoso.

Não se trata de medir a intensidade da discriminação. Para quem a sofre – seja por preconceito de classe, seja por preconceito racial –, ela é imensurável. Trata-se de ressaltar que a *cor*, por ser o atributo mais visível e indissociável da pessoa, é o primeiro critério do preconceito e da discriminação. Por isso o olhar discriminatório não consegue disfarçar o incômodo diante das diferenças, daquilo que foge aos seus padrões.

Claro que, se além de negra, a pessoa é pobre, mulher, idosa, homossexual, então a situação dela se agrava. O preconceito e a discriminação tornam-se ainda mais violentos.

Certamente, as pessoas ainda se lembram daquela jornalista que, em 2014, em Natal, comparou os médicos cubanos (do Programa Mais Médicos) com empregados domésticos. A importância desse fato transcende a imbecilidade, a ignorância e o preconceito da jornalista. Na verdade, ele confirma a visão predominante que uma parte considerável da sociedade brasileira tem dos afrodescendentes. O trabalho escravo, do Período Colonial até o fim do Império, e depois o trabalho doméstico até os dias de hoje são, ao mesmo tempo, o motor que faz funcionar empreendimentos econômicos e grande parte dos lares e das famílias brasileiras, e o combustível que alimenta o preconceito e a discriminação.

Para pessoas como a jornalista mencionada, negro não é para ser médico, presidente da República, ministro do STF ou professor universitário. Negro pode ser, no máximo, empregado doméstico, em muitos casos, o sucedâneo contemporâneo da escravidão.

Um princípio que tem norteado a minha vida é que todas as pessoas devem ser reconhecidas e respeitadas simplesmente por serem pessoas, com direitos sociais e humanos, independentemente da cor da pele, da profissão e do papel social que exercem. Mas o colonialismo e seu suporte escravista marcaram profundamente a formação da sociedade brasileira. Daí a histórica, secular e persistente exclusão dos negros e descendentes, e a desqualificação das atividades profissionais exercidas, principalmente, por eles.

Porém essa questão requer um outro olhar. Embora o preconceito seja de cor, ele expressa-se socialmente. Assim o negro também pode ser preconceituoso. Eventualmente ele poderia agir ou reagir de forma preconceituosa diante de um negro.

Esse é um tema difícil. Falo da minha vivência e de meu entendimento. Durante séculos de escravismo, os traficantes, fazendeiros, comerciantes, políticos e religiosos afirmaram e reafirmaram que o negro é inferior, que nem sequer teria alma. É essa marca que aflora tanto nos negros que se mostram submissos e constrangidos quanto nos negros que se mostram superiores e arrogantes.

Ainda uma vez é necessário questionar o mito da democracia racial brasileira. De fato, somos um povo que, a duras penas, tem aprendido a conviver com o *outro*, com o *diferente*. Basta ver a quantidade e a variedade de povos, com suas respectivas culturas, que continuam a chegar ao Brasil. Todavia isso não tem sido o suficiente.

A aceitação do diferente supõe o reconhecimento da existência do diferente. O ponto de partida para superação do preconceito e da discriminação é o reconhecimento de que existem o preconceito e a discriminação. A democracia que se quer para o Brasil, para deixar de ser uma mera figura de retórica, ainda precisa encarar de frente esses problemas, entre outros.

Se o preconceito e a discriminação não se explicam, exclusivamente, pelo viés social e econômico, ainda assim, creio que o desenvolvimento da economia e a ampliação e aprofundamento dos espaços para o pleno exercício da cidadania, com acesso universal ao trabalho, à educação, à informação, à saúde etc., contribuem para a sua superação.

As ações positivas em termos de legislação e a política de cotas ajudam a diminuir o imenso fosso que separa e exclui os afrodescendentes e que camufla as variadas e, às vezes, sutis formas de preconceito e discriminação. A luta pelos direitos de negros e descendentes, embora específica, não desconhece a luta geral por igualdade de direitos para homens e mulheres de todas as cores e idades.

Há milhares de anos, quando todos éramos negros, os mais remotos ancestrais do ser humano espalharam-se da África pelo planeta, dando início ao povoamento dos continentes. As variadas condições climáticas e o isolamento geográfico impuseram as mudanças biológicas, as variações de melanina, resultando no aparecimento de diferentes biótipos humanos.

Recentemente, a partir do século XVI, mais uma vez os habitantes da África saíram a povoar outras terras, principalmente o Novo Mundo. Dessa vez não foi um simples movimento migratório. Então, os africanos foram levados compulsoriamente, como escravos, em navios negreiros aos territórios coloniais, que hoje formam Cuba, EUA, Haiti e Brasil, entre outros.

Nada pode se comparar à violência que se praticou contra os negros no alvorecer da Idade Moderna. Essas marcas perduram até hoje, no século XXI. Os negros foram retirados do seu lugar de nascimento, do convívio com o seu ambiente natural e social, do relacionamento com seus parentes, amigos e conterrâneos. Foram reduzidos à escravidão, violentados e desumanizados. Essas marcas que ferem, ainda hoje, o fundo da alma, não cessaram apesar dos diferentes processos de abolição da escravatura. Essas marcas permanecem como estigmas, condenando os negros e seus descendentes ao preconceito e à discriminação.

REFERÊNCIAS

FREITAS, Décio. **Palmares.** Porto Alegre: Mercado Aberto, 1984.

IANNI, Octavio. **Escravidão e racismo.** São Paulo: Hucitec, 1978.

MACEDO, José Rivair. **História da África.** São Paulo: Contexto, 2015.

NASCIMENTO, Abdias (Org.). **O negro revoltado.** Rio de Janeiro: Nova Fronteira, 1982.

NOGUEIRA, Oracy. **Estudos de relações sociais.** São Paulo: Queiroz, 1985.

Sites consultados

www.geledes.org.br/

https://pt.wikipedia.org/wiki/História_da_colonização_de_África

https://pt.wikipedia.org/wiki/Colonialismo

https://br.answers.yahoo.com/question/index?qid=20080617101425AAlCXmb

daniellesouzahistoria.blogspot.com/p/colonizacao-europeia-da-africa.html

ORIXÁS

ORIXÁS – NATAL, 2017. PEDRO DE LIMA.

O Candomblé é uma religião animista e familiar, criada pelos escravos africanos, no Brasil, para cultuar suas divindades chamadas de orixás. A base da religião é a *anima*, a alma da Natureza. *Candomblé* é uma palavra africana de origem banto que significa *negro*. Porém a palavra *Candomblé* consagrou-se como a denominação da religião afro-brasileira mais conhecida.

Nessa religião homenageiam-se os antepassados com rituais, festas, comidas e com os objetos que os representam. Durante as homenagens, os participantes recebem as energias dos antepassados. Nas cerimônias, o momento do transe expressa a incorporação da energia das divindades ancestrais nas pessoas iniciadas, que dançam ao som dos tambores. Cada divindade ancestral homenageada é representada com trajes e símbolos próprios.

A prática do Candomblé realiza a articulação entre o passado, o presente e o futuro dos seres da natureza. A religião, portanto, está relacionada diretamente com as coisas terrenas, com a felicidade das pessoas e com a preservação das forças da natureza.

A música, o ritmo e a dança são elementos fundamentais nos rituais do Candomblé. É por meio da dança, como em um teatro, que se contam e se encenam mitos que estruturam a religião e que fazem parte das culturas africanas.

Em outros países, onde houve tráfico de escravos negros, surgidos da colonização europeia, desenvolveram-se religiões semelhantes ao Candomblé. Dependendo do lugar onde o culto é praticado, os orixás são chamados de *voduns* ou de *nkisis*.

Originalmente, na África, cada povo ou nação tem, como base, o culto a um único orixá. No Brasil, em decorrência das diferentes procedências dos escravos, ocorreu a junção dos cultos dos diversos orixás. Desse modo, várias religiões foram agrupadas em uma só *casa* ou *terreiro*. Essa foi uma estratégia que as religiões africanas utilizaram para sobreviver no ambiente hostil dos colonos católicos. Foi assim que os africanos puderam continuar cultuando os seus orixás.

Os orixás são deuses africanos que correspondem às forças da Natureza. Cada orixá tem os seus próprios símbolos, suas cores, comidas, cantigas, rezas, ambientes, espaços físicos e até horários. Em face da repressão em um ambiente dominado pela religião católica, os escravos foram obrigados a disfarçar os seus deuses na roupagem dos santos católicos. Como resultado desse sincretismo, cada orixá passou a corresponder a um santo católico. Cascudo escreve, no *Dicionário do Folclore Brasileiro* (p. 507), sobre esse processo:

> Da cultura jeje-nagô os orixás passaram para os pretos do grupo banto, que não tinham divindades com intensidade de culto capaz de influir e determinar o sincretismo que as religiões iorubanas provocaram com o catolicismo, dando mesmo aos orixás as formas materiais dos santos e chamando, comumente, aqueles o nome destes. Diz-se na Bahia, onde as religiões negras estão num estado mais visível de influência original, santo em vez de orixá, mãe de santo, pai de santo, filha de santo, cair no santo, assentar o santo, preparar o santo etc.

Os orixás também representam os elementos (água, terra, fogo e ar) e as energias da Natureza. Assim, Iansã é a dona dos ventos, Oxum é a mãe da água doce, Xangô domina raios e trovões, e assim por diante. Em seguida, apresentam-se alguns orixás, o santo com que são identificados na religião católica, seus atributos e símbolos.

Exu (Santo Antônio), orixá guardião dos templos, encruzilhadas, passagens, casas, cidades e das pessoas, mensageiro divino dos oráculos. Seu símbolo é o tridente.

Ogum (São Jorge), orixá do ferro, guerra, agricultura, fogo, tecnologia e da sobrevivência. Tem como símbolo a bigorna, a faca, a pá, a enxada, entre outras ferramentas.

Oxóssi (São Sebastião), orixá da caça, das florestas e matas, e da fartura. O arco e a flecha são os seus símbolos.

Xangô (São João Batista), orixá do fogo e trovão, protetor da justiça. O machado duplo é seu símbolo.

Logun edé, orixá jovem da caça e da pesca. Seus símbolos são o arco e flecha e o espelho.

Oxumaré (São Bartolomeu), orixá da chuva e do arco-íris, dono das obras e das transformações. A serpente e o círculo são os seus símbolos.

Ossaim (São Roque), orixá das folhas sagradas, conhece o segredo de todas elas. Junto com Oxóssi, protege as matas e os animais. Tem como símbolo a haste metálica de sete pontas, com ave no centro.

Iansã (Santa Bárbara), orixá feminino dos ventos, relâmpagos e tempestades. Também é a orixá das paixões. A espada e um instrumento feito de rabo de cavalo são seus símbolos.

Oxum (N. Sr.ª da Conceição), orixá feminino dos rios e cachoeiras, do ouro, das riquezas materiais e espirituais, dona do amor e da beleza, protege bebês e recém-nascidos. Tem como símbolos os machados duplos.

Iemanjá (N. Sr.ª dos Navegantes), orixá feminino dos mares e limpeza, mãe de muitos orixás. Dona da fertilidade feminina e da psique dos seres humanos. Um leque com espelho prateado é o seu símbolo.

Nanã (Santa Ana), orixá feminino dos pântanos e da morte. Protege idosos e desabrigados. Também dona da chuva e da lama. Seu símbolo é o bastão de hastes de palmeira ibiri. É a mais velha entre os orixás.

Oba (Santa Joana D'Arc), orixá feminino. Dona da guerra e das águas revoltas e redemoinhos. Alfanje, escudo e lança são seus símbolos.

Ibeji (São Cosme e São Damião), orixás crianças, são gêmeos e protegem as criancinhas. Têm como símbolo dois bonecos gêmeos e duas cabacinhas.

Irôco, orixá da árvore sagrada, a gameleira branca, no Brasil.

Omolu (São Lázaro), orixá das doenças e suas curas. A lança de madeira (espécie de bastão) é o seu símbolo.

Oxalá (Jesus), orixá do branco, da paz, da fé. Seu símbolo é o cajado metálico.

Como já foi dito, em face das condições de violência durante o Período Colonial, os rituais do Candomblé eram praticados de forma clandestina. Por isso, e também por causa do analfabetismo generalizado da população, segundo os pesquisadores, não há registros em documento.

Assim, torna-se difícil falar sobre o início do culto aos orixás ou escrever a história da religião. Os registros mais antigos datariam do século XVIII. Seria dessa época o surgimento dos Candomblés (casas, templos), com sede própria na periferia das cidades, com um calendário de eventos e com a frequência regular de praticantes.

No início, o Candomblé teve de enfrentar grandes obstáculos. Era uma religião praticada pela população de negros escravizados. Os cultos clandestinos realizavam-se nas senzalas, quilombos e terreiros. Foi proibido pela Igreja Católica e foi criminalizado pelo Estado. Ainda assim, o Candomblé prosperou e se expandiu, principalmente depois da Abolição da Escravatura, no final do século XIX.

Hoje o Candomblé é uma religião praticada por mais de 3 milhões de brasileiros de diferentes classes sociais. Existem dezenas de milhares de templos (casas ou terreiros) espalhados pelo Brasil. Na cidade de Salvador, existem 2.230 terreiros registrados na Federação Baiana de Cultos Afro-brasileiros.

Além do Candomblé, existem outras religiões afro-brasileiras, como o Tambor de Mina, que é praticada no Maranhão, Piauí, Pará e Amazonas; e a Umbanda, presente em muitas regiões do País. Também existem outras religiões afro-americanas em diversos países, como o *Vodou* haitiano, a *Santería* cubana e o *Obeah*, em Trinidad e Tobago.

Há uma certa confusão entre *macumba* e *candomblé*. A palavra *macumba*, *ma'kumba*, originalmente (em Angola) denomina uma árvore e o instrumento musical reco-reco. No Brasil, o termo passou a se referir aos despachos, isto é, às oferendas feitas aos orixás, as quais são colocadas nos cruzamentos de caminhos, pois esses são lugares propícios, onde ocorre o encontro entre dois mundos. Muitos acreditam que os despachos são para fazer mal. Muito embora no Candomblé não exista a distinção entre o bem e o mal, a palavra *macumba* se tornou uma denominação, às vezes, depreciativa para os cultos afro-brasileiros. Essa atitude preconceituosa decorre, principalmente, do proselitismo evangélico de algumas igrejas cristãs, as quais, para afirmar-se na comunidade, propagam discursos negativos sobre a *macumba*, associando-a, injustamente, a rituais satânicos ou de magia negra.

Hoje, o Candomblé e as outras religiões de origem africana, seus orixás, os rituais e as festas relacionadas com os cultos integram a história da religiosidade no Brasil. Além da devoção de milhões de brasileiros, essas religiões estão presentes no desenvolvimento da cultura brasileira, nas manifestações eruditas e populares.

REFERÊNCIAS

CASCUDO, Luís da Câmara. **Antologia brasileira de folclore.** São Paulo: Global, 2001.

_____. **Dicionário do folclore brasileiro.** São Paulo: Global, 2012a.

_____. **Folclore do Brasil.** São Paulo: Global, 2012b.

Sites consultados

https://ocandomble.com/2008/05/11/sincretismo/

www.afreaka.com.br/notas/candomble-origem-significado-e-funcionamento/

https://pt.wikipedia.org/wiki/Candomblé

brasilescola.uol.com.br/religiao/a-origem-dos-terreiros-candomble.htm

www.paiogun.com/orixas.htm

www.wemystic.com.br/artigos/orixas-do-candomble-conheca-os-16-principais-deuses...

https://ocandomble.com/os-orixas/

http://mundoestranho.abril.com.br/religiao/o-que-e-macumba/

VAQUEIROS

VAQUEIROS – NATAL, 2017. PEDRO DE LIMA.

Falar em vaqueiros implica falar do sertão. O vaqueiro, o gado e o sertão fundem-se ao longo do processo que possibilitou a expansão dos currais de gado da Bahia ao Maranhão. De fato, foram os vaqueiros, verdadeiros heróis anônimos, os realizadores da saga que resultou na conquista do sertão.

Como resultado do avanço da pecuária ao longo da bacia do rio São Francisco e na direção do Ceará, Piauí e Maranhão, uma vasta região foi incorporada ao processo de colonização do Brasil. Esse primeiro processo de interiorização ocorreu no território que hoje se denomina de *sertão nordestino*, entre os séculos XVI e XVII, e teve como pontos de irradiação as cidades Olinda-Recife e Salvador.

No Brasil, existem vários sertões. A própria palavra *sertão* adquiriu o sentido genérico de interior. De tal modo que ir para o sertão também significa deslocar-se do litoral, situado a leste ou ao norte, para o interior situado a oeste. Daí a necessidade de qualificar o sertão ao qual se está referindo.

Em certo sentido, o sertão nordestino é diferente do sertão de Guimarães Rosa. A paisagem descrita no *Grande sertão: veredas*, situada predominantemente ao norte de Minas Gerais, é uma bela combinação de aspereza emoldurada por veredas molhadas de buritizais. É uma paisagem muito semelhante à que se encontra no chamado *sertão maranhense*.

De um modo geral, no sertão nordestino predomina a caatinga. Inclui as áreas que ficam ao sul e a oeste do litoral dos estados da Região Nordeste: Piauí, Ceará, Rio Grande do Norte, Paraíba, Pernambuco, Alagoas, Sergipe e Bahia. Além da aridez da terra e do clima, costuma-se associar o sertão nordestino à situação de baixo desenvolvimento econômico, de pobreza e desigualdade social. Nisso os sertões se aproximam.

O sertão nordestino é uma área de transição entre o Agreste (seco), situado próximo ao litoral leste, e o Meio-Norte (úmido), que compreende o estado do Maranhão e parte do estado do Piauí. O sertão confunde-se com a região de clima semiárido, com uma estação seca mais prolongada, quando a taxa de precipitação pode cair a níveis baixíssimos, oscilando entre 400mm e 800mm por ano.

A paisagem que melhor caracteriza o sertão nordestino é a *caatinga*, palavra que significa *mata branca* ou *cinza* em tupi-guarani. Trata-se de uma vegetação rasteira e de árvores muito baixas, com copas retorcidas e espinhentas entremeada por uma grande variedade de cactáceas, como o mandacaru e o xique-xique. A caatinga é, assim, o resultado da adaptação da natureza aos longos períodos quase sem chuvas. As estiagens prolongadas reforçam essas características da paisagem e, em algumas situações, onde o desmatamento é intenso, desencadeiam processos de desertificação.

O predomínio do clima semiárido, com os frequentes períodos de estiagem, fez da região um sinônimo de seca. De tal modo que ela também engloba grande parte do chamado *polígono das secas*.

Na época das chuvas, durante cerca de três meses, a vegetação renasce, os rios e riachos voltam a ter água, os açudes ficam cheios e os plantios florescem. Entretanto, quando não chove, vem a seca e acontece tudo ao contrário: a vegetação morre ou parece morrer, os cursos d'água e os açudes secam, e as plantas morrem nos roçados. E os sertanejos vivem mais um ciclo da tragédia nordestina, que tem sua origem no clima e no meio ambiente, mas que tem também história e resulta, de fato, das estruturas sociais vigentes há séculos na região: os latifúndios, o coronelismo e as oligarquias rurais.

Clima, meio ambiente e estruturas sociais condicionaram, ao longo da história do Brasil, o desenvolvimento da região, reafirmando as condições de pobreza e de desigualdade. As manifestações culturais do sertão nordestino foram criadas como parte dessas condições sociais e ambientais e se desenvolveram junto à história da colonização do Brasil.

Nas primeiras fases do processo de colonização, a cana-de-açúcar e a pecuária foram as principais atividades econômicas, principalmente na Região Nordeste. Enquanto as áreas próximas do litoral foram ocupadas pelos canaviais e pelos engenhos para a produção do açúcar, mas também da cachaça e da rapadura, o sertão nordestino foi ocupado pelos currais de gado.

Pode-se dizer que foram os vaqueiros, os quais também atuaram como pequenos agricultores que, com grandes dificuldades e com escassos recursos, desbravaram os sertões e promoveram o desenvolvimento da pecuária. Para possibilitar sua própria sobrevivência, entre os espaços dos currais e as áreas de pastagem, os vaqueiros e suas famílias cultivaram roças de subsistência.

Nos caminhos criados pelo deslocamento das boiadas, foram surgindo povoados, vilas e cidades. Muitos desses assentamentos, ainda hoje, guardam nomes relacionados com a expansão da pecuária, como Pau dos Ferros e Currais Novos, no Rio Grande do Norte, e Pastos Bons, no Maranhão. Iniciou-se, assim, a articulação entre o litoral e o interior, e, posteriormente, a articulação da Região Nordeste com o restante do Brasil.

Em uma sociedade que baseava a sua economia no trabalho escravo, os vaqueiros constituíram-se como os primeiros pequenos proprietários do Brasil. De cada quatro bezerros nascidos em um ano, eles tinham direito a um. A vaquejada era o momento em que se reunia o gado criado solto e disperso pelos vastos campos e caatingas, para separar entre as fazendas e para realizar a partilha. Câmara Cascudo, no *Dicionário do Folclore Brasileiro* (p. 713), descreve, romântico, o trabalho do vaqueiro:

> A honra da fazenda é não perder o touro bravio, o novilho famoso já cantado pelos poetas da ribeira como invencível. Botar o boi no mato é uma nódoa no armorial da fazenda. O cavalo do escravo é como a montagem de um pajem feudal, também nobre porque conduz um servo brasonado pelas cores fidalgas da casa comital. Vão os dois, patrão e servo, para a mesma batalha, lado a lado, ao encontro do mesmo fim, com disposições idênticas e nas veias a mesma herança orgulhosa de vaqueiro e de cavalo sem derrotas.

A vaquejada é um grande acontecimento no sertão; o mais importante para o vaqueiro. É uma festa em que o vaqueiro se veste a caráter com todos os seus paramentos. E, montado a cavalo, mostra todas as suas habilidades, laçando e derrubando bois e aboiando para conduzir o gado e se comunicar com os outros vaqueiros. O vaqueiro e os bois são personagens centrais em muitos folguedos e outras manifestações culturais no Brasil.

De fato, foi nesse contexto que se desenvolveu, no sertão e no Nordeste, de um modo geral, uma grande variedade de manifestações culturais populares. Algumas estão associadas diretamente a atividades econômicas historicamente predominantes na região, como o Maracatu Rural dos canaviais da Zona da Mata de Pernambuco, e as vaquejadas disseminadas por todo o Nordeste. Do necessário trabalho anual realizado na fazenda, a vaquejada transformou-se em folguedo, conforme descrição de Cascudo (p. 713):

> Uma certa parte do gado era guardada ou reservada para a derrubada, a vaquejada propriamente dita, o folguedo de derrubar o animal, puxando-o bruscamente pela cauda, indo o vaqueiro a cavalo. Correm sempre dois cavaleiros e o colocado à esquerda é o *esteira*,

para conservar o animal em determinada direção. Emparelhado o cavaleiro com o novilho, touro, boi ou vaca, aproximado o cavalo, o vaqueiro segura a cauda do animal dando um forte puxão e no mesmo minuto afastando o cavalo... o touro cai espetacularmente de patas para o ar...

Para os especialistas, além das vaquejadas, a expansão da pecuária no sertão possibilitou a criação de expressões culturais específicas. Elas estão presentes nos folguedos como o Bumba meu boi, na fabricação de carne de sol, doces, queijos, manteiga, na culinária, nos violeiros e cantadores, e na literatura de cordel, na xilogravura e no artesanato de couro, palha e barro, na invenção da música nordestina e na própria invenção do Nordeste como entidade cultural específica.

O gado, o vaqueiro e o fazendeiro são o foco dessas diferentes narrativas. Como objeto e personagens eles recriam e transformam as narrativas ancestrais da Antiguidade. Há uma longa e persistente tradição envolvendo a figura do boi ou do touro, que passa pelo Egito dos Faraós, pela Pérsia, Grécia, Roma e por outras regiões da Europa.

Na Espanha, desde o século III A.C., havia a caça aos touros selvagens, prática ancestral das corridas de touro e das touradas. Os touros eram cultuados antes dos casamentos como divindades ligadas à fertilidade pelos povos que habitaram o Mediterrâneo durante a Antiguidade. O noivo devia matar um touro para garantir prosperidade ao seu casamento.

Durante o século V, a caça e a matança de touros consolidaram-se na Península Ibérica como uma forma de demonstrar coragem e destreza. Os touros eram perseguidos até a exaustão por grupos de pessoas em comemoração aos casamentos, nascimentos e batizados. Trata-se de uma prática semelhante a que ocorre até hoje na festa de São Firmino, em Pamplona, em que, anualmente, mais de 2 mil pessoas correm dos touros soltos nas ruas da cidade espanhola. No Brasil, a prática assemelha-se à da Farra do Boi, em Santa Catarina.

Há registros de touradas semelhantes às praticadas atualmente do início do século XII, em 1135. Ao longo do tempo, foram se definindo os papéis do toureiro e do cavaleiro coadjuvante encarregado de enfraquecer o touro para que, ao final, ele seja executado pelo toureiro. Estava ali a origem da tourada moderna.

Hoje, entretanto, existem na Europa movimentos de defesa dos animais, que consideram as corridas e as touradas como uma forma de violência aos touros. Embora se possa alegar que se trata de manifestações culturais, creio que hoje já há civilidade suficiente para reavaliar o assunto. Tanto lá quanto no Brasil, considero pertinente o debate e as ações para impor medidas atenuantes e mesmo para a proibir a Farra do Boi, as vaquejadas e outras formas de espetáculos centrados nos maus-tratos aos animais.

REFERÊNCIAS

ANDRADE, Manoel Correia de. **A Terra e Homem no Nordeste.** São Paulo: Brasiliense, s.d.

BARRETO, José Ricardo Paes. **Vaqueiro:** vida, lazer e religiosidade. Recife: Fundaj. Inpso. Centro de Estudos Folclóricos, 1984.

CASCUDO, Luís da Câmara. **Tradições populares da pecuária nordestina.** Rio de Janeiro: Ministério da Agricultura, Serviço de Informação Agrícola, 1956.

_____. **Antologia brasileira de folclore.** São Paulo: Global, 2001.

_____. **Dicionário do Folclore Brasileiro.** São Paulo: Global, 2012a.

_____. **Folclore do Brasil.** São Paulo: Global, 2012b.

MACHADO, Regina Coeli Vieira. **Vaqueiro do Nordeste Brasileiro.** Disponível em: <http://basilio.fundaj.gov.br/pesquisaescolar/index.php?option=com_content&view=article&id=132&Itemid=1>.

MARTINS, José de Souza. **Capitalismo e Tradicionalismo:** estudos sobre as contradições da sociedade agrária no Brasil. São Paulo: Pioneira, 1975.

QUEIROZ, Washington (Coord.). **Histórias de vaqueiros, vivências e mitologia.** Governo do Estado da Bahia, 1988.

Sites consultados

www.fascinioegito.sh06.com/boiapis.htm

www.nova-acropole.pt/a_deuses_rituais_antiga_hispania.html

https://pt.wikipedia.org/wiki/Mitra_(mitologia)

super.abril.com.br/saude/como-surgiu-a-tourada/

https://pt.wikipedia.org/wiki/Tauromaquia

COUROS

COUROS – NATAL, 2017. PEDRO DE LIMA.

Câmara Cascudo, no *Dicionário do Folclore Brasileiro* (p. 136), fala da importância dos bois na mitologia e na história, desde a Antiguidade:

> A figura poderosa do touro tem a mais diversa e prodigiosa bibliografia no domínio mítico, hinos védicos, lendas hindus, tradições brâmanes, iranianas, turianas, eslavônicas, germânicas, escandinavas, francas, celtas, gregas, latinas... O touro, o boi Zeus, Poseidon, Dionisius: imagens da potência fecundante; atributo solar e lunar, égide da conservação física; sagrado no Egito, Caldeia, Fenícia, Creta, Cartago, mereceu figurar nos préstitos, engalanado, festejado, divinizado...

Para uma figura tão importante, era necessário existirem personagens igualmente importantes: reis, príncipes, sacerdotes, soldados e toureiros. No Brasil, desenvolveu-se a figura do vaqueiro, encourado, altivo, ousado; pronto para a vaquejada.

A participação do vaqueiro nas duras jornadas de disseminação dos currais de gado nos sertões do Nordeste brasileiro faz dele um personagem fundamental no processo de colonização e ocupação do Brasil, durante os primeiros séculos. A forma extensiva de criação do gado, solto pelas campinas e caatinga, em fazendas isoladas distantes de núcleos urbanos, dá ao vaqueiro uma certa aura de herói. No sertão, ele faz tudo e resolve tudo sozinho, já que o dono da fazenda, vivendo nas cidades, muitas vezes só aparecia nas fazendas, anualmente, ou por ocasião das vaquejadas.

O trabalho do vaqueiro, montado a cavalo, e a maneira como ele se veste também contribuíram para a formação de um vasto imaginário, no qual ele se reafirma como herói. Um herói vestido em roupas de couro e cantando aboios para reunir os bois e conduzi-los aos currais.

Referindo-se ao sertão nordestino, costuma-se falar de uma civilização do couro. De fato, essa cultura do couro foi criada e desenvolvida pelas necessidades do dia a dia e pela abundância de matéria-prima. O couro substitui madeiras, tecidos e metais. Logo, uma grande quantidade de objetos e utensílios passou a ser feita com couro. De couro eram feitos os assentos de banco, tamboretes e cadeiras; os chinelos, sapatos e sandálias; os tampos de mesas e das camas; os alforjes, os chapéus, os mocós (recipiente para transportar comida) e as bainhas para facas e facões. Enfim, quase todos os objetos usados no trabalho e na vida diária eram confeccionados em couro. Porém, entre todas as coisas feitas de couro, sobressaem-se as vestimentas do vaqueiro.

Sua roupa foi concebida para enfrentar as asperezas da vegetação da caatinga, com galhos baixos entrelaçados e com muitos espinhos. Vestido com sua roupa especial, o vaqueiro lembra um guerreiro pronto para a luta. Trata-se de uma espécie de couraça feita de couros de veado, carneiro, bode e boi, crus e curtidos. Um chapéu de couro cru protege a cabeça. O gibão protege o tórax, do pescoço ao abdômen. O parapeito, preso ao pescoço, protege o peito. As perneiras protegem as pernas, dos pés até a virilha. As luvas protegem as mãos, mas deixam os dedos livres para segurar as rédeas e dirigir o cavalo. Para proteger os pés, o vaqueiro usa alpercatas ou botinas. Além de um par de esporas nos pés, o vaqueiro também tem na mão uma chibata de couro.

É protegido com esses paramentos que o vaqueiro realiza seu trabalho, especialmente durante as vaquejadas, quando reúne o gado nos currais para ferrá-los com a marca de cada fazendeiro e para a partilha.

Uma cultura do couro identifica-se com o universo social, com a realidade vivida pelos vaqueiros. As vestimentas, o aboio e as pegas de boi fazem parte dessa cultura. Além disso, alguns vaqueiros também são artesãos do couro, poetas, cantadores e contadores de histórias.

Os artesãos do couro são grandes artistas, que transmitem sua arte, ao longo dos séculos, de pais para filhos. Nos lugares mais recônditos do sertão, é possível encontrar artesãos do couro exercendo a sua arte. Embora os objetos confeccionados artesanalmente não possam concorrer com a indústria e a inovação tecnológica, ainda assim proliferam pelo sertão muitos artistas populares anônimos que, se já não fabricam tantas roupas de vaqueiro, produzem poltronas, cadeiras, selas, chapéus, sandálias e sapatos.

Na primeira metade do século XX, quando o sertão foi tomado pela violência, a roupa do vaqueiro, especialmente o chapéu, serviu de referência para os bandos de cangaceiros. Tempos depois, o músico Luiz Gonzaga, para vestir-se de acordo com o título de Rei do Baião, mandou confeccionar para si um gibão e um chapéu de couro especiais. Esse fato, certamente, aumentou a fama dos artesãos do couro, abrindo-lhes novos mercados.

Depois que Luiz Gonzaga adotou o gibão e o chapéu couro dos vaqueiros como indumentária de suas apresentações, a maioria dos artistas do Nordeste, como o grupo Marinês e sua Gente e Dominguinhos, seguiu a sua moda. Em seguida, muitos outros também incluíram peças de couro nas suas apresentações. Quem confeccionava as vestimentas do Rei do Baião era o mestre Aprígio, reconhecido artesão do couro, da cidade de Ouricuri, no Sertão de Pernambuco.

Espedito Seleiro, outro grande mestre do couro, mora em Nova Olinda, no Sertão do Cariri cearense. Ele representa a quarta geração de seleiros de sua família. Espedito aprendeu o ofício com o seu pai aos oito anos de idade. Em sua oficina, ele e os irmãos mantêm viva a tradição e a arte que o pai lhes ensinou.

Nos anos 1930, quando o sertão nordestino estava dominado pelos cangaceiros, aconteceu um fato inusitado com o pai de Espedito. Ele fabricava selas, gibões e outros apetrechos de couro para vaqueiros e cavaleiros, quando recebeu a encomenda de uma sandália quadrada. O cliente era o Capitão Virgulino. Conhecido como Lampião, ele considerava que usando a sandália quadrada confundiria quem quisesse lhe seguir os rastros. Com medo, o pai de Espedito fez a sandália e, segundo consta, não cobrou nada de Lampião.

Só tempos mais tarde é que Espedito, também a pedido, confeccionou outra sandália igual à do chefe dos cangaceiros. Depois, inspirado nos desenhos da sandália quadrada de Lampião, criou a sandália de Maria Bonita. Esse foi o ponto de partida para uma trajetória de sucesso comercial que se estende aos dias atuais.

A oficina do mestre Espedito está sempre cheia de visitantes e de encomendas. Com sua habilidade de artesão e a criatividade de artista, ele foi desenvolvendo uma grande variedade de modelos de sandálias e de outras peças. Nelas é marcante o seu estilo de cortar o couro, além da combinação de cores vivas e de suas tonalidades.

Da aceitação local, seu trabalho espalhou-se pelo Brasil e pelo exterior. Suas peças têm sido mostradas em desfiles de moda, em design de móveis, na televisão e no cinema.

Em uma época em que o trabalho do vaqueiro vai perdendo importância, em que as fazendas de gado se modernizam, adotando novas tecnologias e procedimentos, Espedito Seleiro recriou um ofício que parecia caminhar para a extinção e se transformou em uma referência nacional. Seu trabalho foi reconhecido com a Ordem do Mérito Cultural, outorgada pelo Ministério da Cultura, em 2011. Hoje, a Associação Espedito Seleiro forma novos aprendizes, ensinando-lhes a arte e a técnica do trabalho com o couro.

REFERÊNCIAS

CASCUDO, Luís da Câmara. **Tradições populares da pecuária Nordestina.** Rio de Janeiro: Ministério da Agricultura, Serviço de Informação Agrícola, 1956.

_____. **Antologia brasileira de folclore.** São Paulo: Global, 2001.

_____. **Dicionário do Folclore Brasileiro.** São Paulo: Global, 2012.

_____. **Folclore do Brasil.** São Paulo: Global, 2012.

Sites consultados

redeglobo.globo.com/globonordeste/.../em-pe-mestres-na-arte-do-couro-ensinam-ofic...

https://www.rascunhosdefotografia.com.br/espedito-seleiro/

www.bbc.com/portuguese/noticias/.../151222_inventor_sandalia_lampiao_fashion_fe

BUMBA MEU BOI

BUMBA-MEU-BOI – NATAL, 2017. PEDRO DE LIMA.

Durante a Antiguidade, muitas religiões cultuavam animais e os tinham como objetos de oferenda. Os touros são divinizados em várias delas, como o boi Apis, no Egito. A Bíblia menciona o culto ao bezerro de ouro. E, na Índia, ainda hoje a vaca é um animal sagrado.

Uma das primeiras narrativas mitológicas relacionadas com um touro aconteceu em Creta, no palácio de Cnossos. Trata-se de uma das histórias mais fascinantes e mais populares do mundo: o mito do Minotauro, um ser híbrido que matava e se alimentava de seres humanos.

Essa história está na base de uma longa e duradoura tradição de eventos e narrativas envolvendo touros. Embora com distintas motivações, as touradas nos países ibéricos e hispânicos, as vaquejadas e as festas com bois no Brasil são exemplos dessa tradição.

Segundo o mito do Minotauro, o deus Poseidon enviou ao rei Minos, de Creta, um touro branco. O presente divino significava a aprovação do seu reinado. Como era de praxe, ao receber o presente, Minos devia sacrificar o animal em homenagem ao deus. Porém o rei gostou tanto do touro e de sua beleza que decidiu incorporá-lo ao rebanho e sacrificar um outro touro ao deus em lugar do que recebera de Poseidon. O deus não gostou da atitude do rei e, como era de se esperar, resolveu puni-lo.

Poseidon induziu Pasífae, esposa do rei a se apaixonar, subitamente, pelo touro branco. A rainha apaixonada pediu a Dédalo que confeccionasse um disfarce, que ela vestiu para se aproximar do touro e fazer amor com ele. Dessa união sexual nasceu o Minotauro: um animal com cabeça e cauda de touro e corpo de homem. Ao crescer, o Minotauro ficou cada vez mais feroz. Atacava e devorava as pessoas, o que tornava impossível sua permanência no palácio.

Então, a pedido do rei Minos, Dédalo e seu filho Ícaro construíram uma moradia para o Minotauro: um imenso labirinto com mais de mil compartimentos junto ao palácio real, em Cnossos.

De acordo com o mito, depois de vencer uma guerra contra Atenas, o rei Minos criou um inusitado e cruel imposto que os atenienses deviam pagar. Assim, a cada nove anos os gregos eram obrigados a enviar à Creta sete jovens rapazes e sete moças para servirem de alimento ao Minotauro.

Os gregos, os criadores do mito, transformaram a história do Minotauro em um conto ateniense heroico e fundador. Em uma ocasião, Teseu, filho de Egeu, rei de Atenas, incluiu-se entre os jovens escolhidos para o sacrifício, com a intenção de matar o monstro Minotauro.

Ariadne, filha do rei Minos, apaixonou-se por Teseu e decidiu ajudá-lo, entregando-lhe um novelo de lã, para que ele não se perdesse nos meandros escuros do labirinto. Teseu, enquanto caminhava, desenrolava o novelo, marcando o caminho. Assim, o herói, depois de matar o Minotauro, resgatou os jovens atenienses, e todos saíram vivos do labirinto. O ato de Teseu libertou Atenas da submissão a Creta, marcando a origem do seu crescimento e de sua hegemonia na região.

O mito, ao longo dos séculos, influenciou a visão humana sobre o touro, o qual passou a ser o símbolo de um animal perigoso, e matá-lo era sinônimo de coragem e força. Essa tradição foi absorvida pelos romanos e se enraizou na Península Ibérica, onde as touradas continuam a ser realizadas. De Portugal a tradição chegou ao Brasil, na época da conquista e exploração do novo território. Aqui se desenvolveram as vaquejadas do Nordeste, os rodeios do Centro-Sul e a Farra do Boi em Santa Catarina. Entretanto as festas, brincadeiras e encenações com bois predominam em todo o País.

De fato, as festas de boi existem praticamente em todo o Brasil desde o Período Colonial. Os especialistas consideram que as primeiras encenações do boi ocorreram no Nordeste, ainda no século XVIII, como consequência da cultura que se formou com a expansão da pecuária. As fazendas de gado teriam sido o local onde diferentes tradições como a africana, com *Boi geroa*, e a europeia, com as touradas, além de alguns elementos indígenas, misturaram-se para criar as festas de boi. De acordo com Câmara Cascudo, em *Folclore do Brasil* (p. 33), o folguedo

> Começaria nos engenhos, entre negros, mamelucos, mestiços, na forma inicial de boi canastra, armação de vime, coberta de pano pintado, cabeçorra bovina, ampla cornadura, unicamente destinado a dispersar e afugentar os curiosos atrapalhantes de uma função representada ao ar livre. Era assim na Espanha e Portugal, o falso boi chifrando diante dos cortejos mascarados e mesmo fazendo rir ao monarca. Havia touradas cômicas com esses touros de junco, as tourinhas... Foi na forma primária que tivemos da península Ibérica, o boi amedrontador dos meninos inquietos.

Os festejos do boi estão associados à celebração do Natal, do Carnaval e das Festas Juninas, mas podem ocorrer em outras épocas do ano. Sua encenação assemelha-se a um auto, com danças, músicas, teatro e palhaçadas.

As elites escravistas, os donos das fazendas de gado, no início reprimiram fortemente as festas de boi. A origem escrava das festas e o fato de serem realizadas pelos trabalhadores e pobres, que se divertiam e extravasavam sua alegria, era inaceitável para os patrões. Os historiadores registram as perseguições feitas pela polícia e a proibição da brincadeira do boi entre 1861 e 1868.

Essas festas têm músicas, ritmos, instrumentos, personagens, indumentárias e adereços diferentes, em diferentes lugares. As denominações, os temas, os enredos e as formas de apresentação também apresentam diferenças.

Na Amazônia, chama-se Boi-bumbá; em São Paulo, Boi de Jacá; no Paraná, Dança-do-boi; no Ceará, Boi Surubi ou Surubim; no Rio Grande do Norte, Boi Calemba; no Espírito Santo, Boi de Reis; na Bahia, Boi-janeiro, Boi-estrela-do-mar, Dromedário e Mulinha-de-ouro; em Minas Gerais, Bumba ou Folguedo-do-boi; em Santa Catarina, Boi de Mamão; no Rio de Janeiro, Boi Pintadinho; no Rio Grande do Sul, Boizinho; no Maranhão, Bumba meu boi; e na Paraíba, discrepando um pouco, como a Mulinha da Bahia, chama-se Cavalo-Marinho.

Em alguns bois, todos os personagens são interpretados por homens, que também fazem os papéis femininos e dos animais. O Capitão é o líder do espetáculo. Mateus e Catirina, escravos, formam um casal. Em algumas versões, são os personagens centrais, que dançam de forma engraçada e apresentam ao público os outros participantes do bumba. Outros integrantes do elenco são: Bastião, Pastorinha, Turtuqué, Engenheiro, Dona do boi, Doutor, Sacristão, Caipora e Maricotas de Corocó, Mané Gostoso, o Fanfarrão, Arlequim, Ema, Burrinha, Cobra, Pinica-pau, Caipora, Diabo, Babau, Cavalo-Marinho, Morto Carregando o Vivo e o Jaraguá. Nem todos estão presentes em uma mesma encenação.

As festas de boi são, basicamente, a encenação de uma narrativa sobre a morte e a ressurreição de um boi. Em uma delas, bem simples, a Pastorinha sai em busca de um boi que se perdeu. No caminho, ela encontra os vários personagens do bumba. Então esse boi é morto e, depois, ressuscitado, o que se torna motivo de festa.

No Amazonas, desde 1913, encena-se o Boi-bumbá durante o Festival de Parintins. Embora sua origem esteja relacionada aos nordestinos que migraram para a Amazônia na época da extração da borracha, o boi de Parintins apresenta uma grande influência indígena.

As cores vermelho e azul, provavelmente uma influência dos cordões vermelho e encarnado de outros folguedos, identificam respectivamente os bois Garantido e Caprichoso. Trata-se de um grande espetáculo, encenado anualmente no *bumbódromo*, no final do mês de julho.

Existem diferentes versões da narrativa nas festas de boi pelo Brasil afora. No enredo do boi amazonense, a escrava Catirina (ou Catarina) está grávida e deseja comer a língua do boi mais bonito da fazenda. O vaqueiro Francisco, seu marido, atende ao desejo da mulher e é preso pelo capataz. Depois, quando conseguem ressuscitar o boi, com a ajuda de curandeiros e pajés, eles comemoram com uma festa.

Em Parintins, os bois Caprichoso e Garantido promovem concursos de toadas, que são cantadas durante a festa. Também há concursos para eleger as belas personagens representadas pela Cunhã Poranga, Sinhazinha da Fazenda e a Rainha do Folclore.

O enredo do Bumba meu boi do Maranhão já foi mais longo e mais complexo. Hoje, os *bumba* apresentam enredos encurtados, chamados de *meia lua*, para ajustar-se a uma nova forma de espetáculo.

O enredo parte de uma base comum. A mulher do vaqueiro Francisco, Catirina, está grávida e começa a ter desejos por língua de boi. Ela pede para o marido matar o boi mais bonito da fazenda onde eles moram. Catirina comeu a língua, e o restante do boi Francisco distribuiu entre as pessoas da fazenda. O patrão, percebendo a morte do seu boi, ficou revoltado. Francisco e Catirina fogem da fazenda. O fazendeiro quer o seu boi vivo de volta. Os curandeiros e pajés ressuscitam o boi, que se levanta dando chifrando nos presentes. Quando o boi volta à vida, todos moradores da fazenda fazem uma celebração.

O Bumba meu boi existe no Maranhão desde o século XVIII. Em praticamente todas as cidades maranhenses, há a encenação do folguedo. Na minha infância, em Caxias, nos anos 1950, eu gostava de acompanhar o cortejo do Bumba meu boi. Eu e as outras crianças tínhamos muito medo do boi, do bicho Jaraguá e dos outros personagens; a gente corria, mas depois voltava para acompanhar o *bumba*.

No Maranhão, a festa do Bumba meu boi realiza-se nos meses de junho e julho. Em outros lugares, ela pode acontecer em diferentes épocas do ano. Principalmente em São Luís, a população mobiliza-se para as apresentações do Bumba meu boi. É uma festa democrática, da qual participam pessoas de todas as idades e classes sociais. As festividades ocupam todas as partes da cidade, principalmente o centro histórico. Grupos dos bairros e do interior do estado se reúnem, dançando e cantando noite adentro.

A festa do Bumba meu boi divide-se em quatro etapas. Os ensaios iniciam-se no sábado de aleluia e vão até o dia 13 de junho, dia de Santo Antônio. Depois há o batismo, quando o boi recebe todas as bênçãos do padroeiro da festa. Em seguida, acontecem as festas propriamente ditas, com a apresentação dos bois durante todo o período junino. No final do mês de julho, com a morte e ressurreição do boi, o festejo termina.

Não obstante seu caráter profano, vibrante e sensual, as apresentações do boi inscrevem-se no calendário religioso católico e expressam a devoção dos seus participantes, principalmente dos líderes e organizadores dos festejos.

Na cidade de São Luís, existem mais de 100 grupos de Bumba meu boi. Cada um tem o seu sotaque, ou seja, uma forma própria de se expressar por meio das vestimentas, da coreografia, dos instrumentos escolhidos e da cadência da música. Os cinco sotaques mais famosos são:

- O sotaque de *Matraca* é de São Luís, capital do Maranhão. Ele tem um ritmo bem acelerado, embalado por dezenas de matraqueiros. Seu principal instrumento é a matraca, dois pedaços de madeira que são batidos um no outro, além do pandeiro rústico, feito de couro de cabra;
- O sotaque de *Zabumba* é oriundo da região de Guimarães e arredores, e é marcado pelo ritmo africano dos zabumbas. Pandeirinhos e matracas são instrumentos complementares. O figurino é bem rico, feito de roupas aveludadas, saias amplas bordadas e chapéus cheios de fitas que quase cobrem seu rosto;
- O sotaque de *Orquestra* é típico do sertão maranhense e tocado por uma banda de instrumentos de sopro e corda, entre os quais saxofones, banjos e clarinetas. Tem um ritmo festivo e de muita alegria. Seus participantes usam vestimentas de veludo com ricos bordados e miçangas;
- O sotaque da *Baixada* usa pandeiros e matracas, com andamento mais suave e mais lento, embora ritmado. Suas vestimentas de veludo são adornadas com penas e bordados. Usam belos chapéus. O Cazumba, uma mistura de homem e bicho, veste uma bata comprida, máscara de madeira e um chocalho na mão;
- O sotaque *Costa de Mão* surgiu na região de Cururupu. Tem um ritmo cadenciado produzido por caixas, maracás e pandeiros tocados com as costas da mão. Usam calças e casacos bordados, e seus chapéus, em formato de cogumelo, são adornados com flores.

Além de ser uma grande brincadeira, que a todos diverte, o Bumba meu boi é uma representação da vida e dos relacionamentos humanos. Sob um outro olhar, o bumba é uma tragédia que logo se transforma em farsa, em comédia. Sua encenação mostra a permanência das desigualdades sociais, a falta de liberdade. Porém também mostra a utopia, o desejo e a possibilidade de mudar essas condições para que tudo termine em riso, fartura e festa.

REFERÊNCIAS

BRANDÃO, Théo. **Folguedos natalinos de Alagoas.** Maceió: Departamento Estadual de Cultura, 1961.

CASCUDO, Luís da Câmara. **Tradições populares da pecuária Nordestina.** Rio de Janeiro: Ministério da Agricultura, Serviço de Informação Agrícola, 1956.

_____. **Antologia brasileira de folclore.** São Paulo: Global, 2001.

_____. **Dicionário do Folclore Brasileiro.** São Paulo: Global, 2012a.

_____. **Folclore do Brasil.** São Paulo: Global, 2012b.

GASPAR, Lúcia. **Bumba-meu-boi.** Pesquisa Escolar Online, Fundação Joaquim Nabuco, Recife. Disponível em: <basilio.fundaj.gov.br/pesquisaescolar/index.php?option=com_content&view>.

Sites consultados

<http://basilio.fundaj.gov.br/pesquisaescolar>

educacao.uol.com.br/.../bumba-meu-boi-folguedo-e-tradicional-manifestacao-folclori...

http://cliquemusic.com.br/br/lancamentos/lancamentos.asp?nu_critica=40.

www.suapesquisa.com/folclorebrasileiro/folguedos.htm

anais.anpuh.org/wp-content/uploads/mp/pdf/ANPUH.S25.0329.pdf

basilio.fundaj.gov.br/pesquisaescolar/index.php?option=com_content&id=879

boibumba.com/history_pt.htm

https://pt.wikipedia.org/wiki/Festival_Folclórico_de_Parintins

MARACATU

MARACATU – NATAL, 2017. PEDRO DE LIMA.

O Maracatu é um folguedo popular que, embora exista em outros lugares, está completamente identificado com os pernambucanos. Em Pernambuco, há dezenas de nações ou grupos de maracatu. Os *maracatus de baque virado* são característicos da cidade. O *maracatu rural de baque solto* existe, principalmente, na Zona da Mata.

Os grupos de Maracatu são encontrados em praticamente todo o Brasil (Rio Grande do Norte, Amazonas, Rio Grande do Sul, Maranhão, Paraíba, Santa Catarina, Mato Grosso do Sul, Paraná, Ceará, Bahia, Rio de Janeiro, Minas Gerais, Mato Grosso e São Paulo). Surpreendente, entretanto, é que existam grupos de Maracatu no exterior. Foram encontrados pelo menos dois registros: um que se identifica como www.maracatucolonia.de (Colonia – Alemanha) e o Tamaracá (Paris – França). Câmara Cascudo, no *Dicionário do folclore brasileiro*, (p. 431) registrou que o Maracatu, em meados dos anos 1950, "Curiosamente, fixou-se inicialmente na zona de Recife, e agora aparece em Fortaleza, Ceará, com força de novidade poderosa, Leão Coroado, Ás de Espadas, Rancho de Iracema"

O Maracatu é uma manifestação cultural de origem africana, que teria se desenvolvido no Brasil em meados do século XVII. Nela estão presentes os elementos europeus e indígenas que marcam a miscigenação étnica e cultural formadora do Brasil e dos brasileiros. Embora hoje se apresentem durante o Carnaval de Pernambuco, os maracatus são formados por pessoas religiosas e muito devotas. Sua origem mais remota está relacionada às irmandades negras de N. Sr.ª do Rosário. Cascudo, no *Dicionário do folclore brasileiro*, (p. 430) escreveu sobre esse aspecto religioso:

> Sempre foi composto de negros em sua maioria. É visível o vestígio dos séquitos negros que acompanham os reis de congos, eleitos pelos escravos, para coroação nas igrejas e posterior batuque no adro, homenageando a padroeira ou Nossa Senhora do Rosário. Perdida a tradição sagrada, o grupo convergiu para o carnaval...

Os desfiles de Maracatu são a representação de um passado perdido, antes dos africanos serem arrancados de seus lugares e vendidos no Brasil como escravos. Transplantados ao Brasil e escravizados, restou aos africanos se reinventarem. Lutar para não perder sua humanidade, enquanto eram tratados como animais. Resistir para sobreviver. Foi assim que reinventaram deuses e religiões, reis e rainhas, músicas e danças.

O Maracatu é uma dessas belas invenções. Os africanos trouxeram consigo suas raízes, seus costumes, suas lembranças. Os que tinham mantiveram seus títulos de nobreza e eram reverenciados pelos demais.

Hoje, os brasileiros, descendentes dos escravos, expressam no Maracatu a evocação das cortes africanas nas nações onde viveram seus ancestrais.

O motivo principal do cortejo representado no Maracatu é homenagear a coroação dos reis do Congo.

Abrindo o cortejo vem um *porta-bandeira* (ou estandarte) da Nação do Maracatu, com o nome do grupo e o ano em que foi criado. Segue a *dama de paço*, trazendo a *calunga*, uma boneca mística, feita de madeira e ricamente vestida, que representa as entidades espirituais do grupo ou a rainha já morta. Depois vêm as *baianas* ou Yabás, que são escravas. Em seguida, a *corte* formada por príncipes, ministros, embaixadores, que representam a nobreza da Nação.

MARACATU II – NATAL, 2017. PEDRO DE LIMA.

A corte acompanha o *rei* e a *rainha* do Maracatu, que são os personagens mais importantes do cortejo. Os títulos de rei e rainha são hereditários. Um *vassalo* leva o pálio, uma espécie de guarda-sol que protege os reis. É interessante notar que esse vassalo também é um escravo. As *catirinas*, que vêm em seguida também são escravas. Um *grupo de percussão* fecha o cortejo. Eles animam o cortejo, tocando vários instrumentos, como caixas de guerra ou taróis, alfaias (tambores), ganzás, maracás etc.

Baianas, vassalos e catirinas são escravos. No Maracatu, os negros, descendentes de escravos, evocam um passado de nobreza, do qual a escravidão também fazia parte. São as contradições que ainda resistem. Mostram a complexidade da questão do negro no Brasil que, certamente, interfere na permanência do preconceito e da discriminação. Esses aspectos submergem na festividade. Mas não é tão simples. Uma coisa é a representação anual de um passado remoto, quando reis apresavam pessoas de outras tribos, que eram usadas e vendidas como escravos. Outra coisa é quando o preconceito emerge do mais recôndito da alma, e negros discriminam negros. É muito difícil abordar questões como essa. Omiti-las é ainda pior.

O Maracatu é, portanto, um cortejo festivo em que se articulam a música, a dança e o teatro. A dança do Maracatu lembra as danças do Candomblé. Mas cada ala tem sua própria coreografia, que varia da dança a acrobacias semelhantes aos passos de frevo. Há dois tipos de maracatus: o de *baque virado* e o de *baque solto*.

O maracatu mais tradicional é o de Baque Virado, cuja denominação refere-se à maneira de tocar os instrumentos, que começam em ritmo compassado e depois aceleram. Os mais antigos são o Nação do Maracatu de Baque Virado Elefante (1800), Nação do Maracatu de Baque Virado Estrela Brilhante de Igarassu (1824, Igarassu), Nação do Maracatu de Baque Virado Leão Coroado (1863), Nação do Maracatu de Baque Virado Estrela Brilhante do Recife (1906), Nação do Maracatu de Baque Virado Porto Rico (1916).

O Maracatu Rural de Baque Solto foi criado pelos trabalhadores rurais da Zona da Mata. Ele é bastante diferente do Maracatu de Baque Virado, tanto em organização quanto nos personagens e no ritmo. De fato, nele não há uma relação direta com o passado africano dos trabalhadores nem com o trabalho escravo. A coroação dos reis do Congo só foi introduzida posteriormente, como uma forma de amenizar o seu aparente desenraizamento étnico. O Maracatu Rural também não contém expressões de religiosidade católica, como no caso das Irmandades de N. Sr.ª do Rosário. Mas há a presença de uma religiosidade de origem africana. O Maracatu Rural sofreu pressões para se enquadrar.

Atualmente, o *Rei* e *Rainha* foram impostos como os personagens principais do Maracatu Rural. Importantes também são os *caboclos de lança*, representados pelos trabalhadores rurais. São eles que, depois de trabalharem a terra, cortarem cana e a transportarem para engenhos e usinas, também cortam, costuram e bordam suas fantasias.

Os caboclos de lança trazem nas costas um surrão feito de madeira, com chocalhos na parte de baixo. Uma grande bata, feita de veludo e bordada com lantejoulas coloridas e desenhos variados, cobre o surrão até os joelhos. Eles usam um chapéu revestido por fitas de papel colorido, como se fosse uma grande cabeleira. Também pintam os rostos com tinta vermelha e geralmente usam óculos escuros. Peça fundamental de sua fantasia é uma lança de madeira pontiaguda recoberta com inúmeras fitas coloridas, chamada *guiada*. Os *mestres dos caboclos* têm sempre um cravo branco na boca, para manter o corpo fechado.

As *baianas*, que antes eram homens vestidos de mulher, agora são representadas por mulheres. Segue um *grupo de damas*. Uma, a *dama da boneca*, segura a boneca de pano, cuja função é proteger o Maracatu. As outras damas, *damas de buquê*, seguram buquês de flores.

Outros personagens do Maracatu Rural são os *caboclos de pena*. Eles são uma expressão da mistura de elementos culturais negros e índios. Também são chamados de *arreia-má*, isto é, os que retiram o mal, estabelecendo uma relação entre o Maracatu e o Catimbó. Trata-se de uma espécie de culto religioso que combina práticas de magia com elementos afro, indígenas e católicos. Os *caboclos de pena* usam um chapéu com penas de pavão semelhante a uma coroa. Vestem uma bata menor bordada e se enfeitam com fitas e penas de pássaros. Portam arco e flecha enfeitado de fitas e também usam óculos escuros.

Há o registro da presença no Maracatu Rural dos personagens Catirina, Mateus e Catita, oriundos de outros folguedos. O Maracatu Rural seria, portanto, uma mistura de elementos de várias manifestações folclóricas, como o Pastoril, Caboclinhos, Folia de Reis, Bumba meu boi, Congada e o Cavalo Marinho. Mesmo o nome *Maracatu Rural* teria sido inventado, posteriormente, para substituir o nome original que era Maracatu do Trombone. Houve, de fato, ações para enquadrar o Maracatu Rural. Por pressão da Federação Carnavalesca de Pernambuco, além de mudar o nome, teve de acrescentar nas suas apresentações uma corte composta pelo rei, rainha e porta-estandarte.

Seu cortejo também se diferencia dos outros maracatus, e a orquestra é formada por instrumentos de sopro e de percussão (trombone, trompete, clarinete, às vezes sax, bombo, surdo, tarol, cuíca e gonguê). Todos tocam e dançam as músicas em ritmo acelerado.

O município de Nazaré da Mata, em Pernambuco, é conhecido como a Terra do Maracatu Rural. Ali, durante o Carnaval, há um encontro de maracatus, do qual participam mais de 50 grupos. Nazaré da Mata tem cerca de 20 grupos de maracatu, entre os quais se destacam Maracatu Cambinda Brasileira, considerado o maracatu rural mais antigo do Brasil (1908), o Maracatu Coração Nazareno, formado apenas por mulheres, e Maracatu Sonho de Criança, formado apenas por crianças. A maioria dos grupos tem a palavra *leão* no nome.

Não há dúvida de que o Maracatu Nação e o Maracatu Rural apresentam estéticas diferentes. Todos são muito bonitos e expressivos. Porém o Maracatu Rural sempre me causou um grande impacto. Impacto pelos contrastes e por uma certa agressividade que parece acompanhar a presença dos caboclos de lança. Eles que são canavieiros, costuram e bordam as fantasias pesadas, coloridas e que ganham vida com os seus movimentos e com os toques dos chocalhos. Eles dançam como guerreiros esgrimindo as lanças com fitas no ar, e alguns trazem uma flor na boca.

REFERÊNCIAS

CASCUDO, Luís da Câmara. **Antologia brasileira de folclore.** São Paulo: Global, 2001.

_____. **Dicionário do folclore brasileiro.** São Paulo: Global, 2012a.

_____. **Folclore do Brasil.** São Paulo: Global, 2012b.

GUERRA-PEIXE, César. **Maracatus do Recife.** São Paulo: Ricordi,1955.

Sites consultados

www.prefeituranazaredamata.com.br/

www.leaocoroado.org.brLeonardoDantasSilva

https://archive.org/details/MaracatusDoRecifeCezarGuerraPeixe

www.suapesquisa.com/folclorebrasileiro/maracatu.htm

https://pt.wikipedia.org/wiki/Maracatu_Nação

portodeluanda.maracatu.org.br/sobre-o-maracatu/origem-do-maracatu/

https://pt.wikipedia.org/wiki/Maracatu_Rural

www.maracatucolonia.de (Colonia - Alemanha)

www.maracatucolonia.de/PT/?Link

maracatutamaraca.blogspot.com/Tamaracá (Paris - FR)

FESTA DO DIVINO

DIVINO – NATAL, 2017. PEDRO DE LIMA.

Desde o início da colonização pelos portugueses, o Brasil é um território cuja população é extremamente religiosa. Do Período Colonial até o fim do Império houve, aqui, uma total imbricação entre o Estado e a religião católica. A própria conquista e a exploração do Brasil, a partir de 1500, ocorreu sob a bandeira da Ordem de Cristo.

A partir do século XVI, a organização e a exploração da Colônia contaram com a participação decisiva de diversas ordens religiosas, principalmente da Companhia de Jesus. Até o final do Império, a organização e o funcionamento da religião católica eram tratados como uma questão de Estado.

No período colonial, prolongando-se durante o Império, salvo poucas exceções, a sociabilidade da população acontecia nas igrejas e em torno delas, nas celebrações religiosas e nos folguedos profanos que as acompanham.

Os diferentes grupos sociais e as pessoas se organizavam em Irmandades Religiosas, que construíam ou financiavam a construção de capelas e igrejas, além de organizar a realização de festas religiosas. Algumas Irmandades, como a de N. Sr.ª da Boa Morte, davam uma certa proteção aos escravos, quando vivos, e ajudavam a enterrá-los quando morriam.

O calendário anual e a vida social eram marcados pelas datas e pelas celebrações e comemorações religiosas. As mais importantes eram as festas dos padroeiros das respectivas vilas e cidades, a Semana Santa e a Festa de Natal. Nessas ocasiões ocorriam missas, novenas, te-déuns e procissões.

Plantar, colher e juntar o gado também eram motivo de celebrações religiosas. Batizados, casamentos e enterros ocorriam sempre no âmbito e sob o controle e as bênçãos de uma autoridade religiosa. Todas essas celebrações e acontecimentos, além do caráter religioso, admitiam a presença da manifestação popular, muitas vezes com música e dança e comidas.

A construção e inauguração de uma residência ou de outras instalações também eram motivo de celebração. E mesmo quando o prédio já não era novo, fazia-se periodicamente a sua *renovação*, dele e da devoção dos proprietários, com a benzedura por um padre, regada a doces e bolos, aluás e outras bebidas e comidas.

É nesse contexto que se inserem algumas festas de caráter profano-religioso, como a Cavalhada, o Reisado, a Festa do Divino Espírito Santo, entre outras.

A Festa do Divino Espírito Santo chegou ao Brasil, como tantas outras, com os conquistadores portugueses no século XVI. No calendário da Igreja Católica, ela ocorre 50 dias depois do Domingo de Páscoa, o Pentecostes, em comemoração à *iluminação* dos apóstolos de Jesus pelo Espírito Santo. Esse acontecimento, segundo a Igreja Católica, prepara os apóstolos para o início da evangelização.

Essas comemorações existem desde a Idade Média. A Festa do Divino Espírito Santo teria sido criada pela Rainha Dona Isabel de Portugal, no ano de 1296. Há variantes da história. Uma delas conta que os reis de Portugal convidaram o clero, a nobreza e o povo para assistirem à missa de Pentecostes. Entre os que assistiam à missa, a rainha Isabel chamou o mais pobre para ocupar o lugar do rei e sentar-se no trono. Então o pobre escolhido se ajoelhou, e o bispo colocou a coroa real em sua cabeça, enquanto o povo cantava o hino em homenagem ao Espírito Santo.

DIVINO II – NATAL, 2017. PEDRO DE LIMA.

Depois da cerimônia, os reis e a nobreza ofereceram um almoço a todos os presentes. Conta-se ainda que, nos anos seguintes, o Rei Dom Diniz mandou fazer e distribuir coroas como a sua, para que fossem realizadas cerimônias iguais àquela, em Portugal e nas colônias. Posteriormente, a rainha Isabel (1271-1336) foi canonizada com o nome de Santa Isabel Rainha de Portugal.

A Festa do Divino Espírito Santo acontece em todo o Brasil, da Amazônia ao Rio Grande do Sul, passando pelo Amapá, Maranhão, São Paulo, Minas Gerais, Goiás etc. As mais famosas são a de Pirenópolis, em Goiás; a de Parati, no Rio de Janeiro; a de São Luís do Paraitinga, em São Paulo. Em Santa Catarina, o culto e a festa do Divino Espírito Santo chegaram em meados do século XVIII, junto aos emigrantes açorianos.

Geralmente as festas do Divino Espírito Santo, conforme já se disse, são realizadas em torno do dia de Pentecostes. Mas também podem realizar-se fora do calendário original, para coincidir com a festa do padroeiro da paróquia. Cascudo sintetizou, em *Folclore do Brasil* (p. 48):

> As Folias do Divino percorrem, a pé, a cavalo, em barcos, grandes distâncias angariando esmolas para a festividade, função precatória que não ocorre em Portugal. Levam a Bandeira do Divino, coroada pela Pomba simbólica, na mão do Alferes, e acompanham músicos e um tesoureiro recebedor. A tradição é o Império, tablado onde o festeiro fica, coroa na cabeça, cetro na mão, recebendo as homenagens, terminada a função na igreja. Seguem-se refeições copiosíssimas, apresentação de folguedos, cantos, bailados.

As festas do Divino Espírito Santo, em todo o Brasil, guardam muita semelhança e pequenas variações. Como parte da cultura brasileira, elas também foram influenciadas pelo processo de miscigenação que caracteriza a formação do Brasil. Nelas estão presentes elementos de origem africana, indígena e europeia. Dependendo da região, as festas incluem diversos folguedos, como as cavalhadas (cavalarias), os moçambiques e as congadas. Incluem também danças como o cururu, o jongo e o fandango.

A coroação do imperador do Divino Espírito Santo é o ápice da festa. O imperador usa roupas luxuosas, feitas de veludo e cetim. Um grupo de meninos, vestidos em traje de gala da época do Império, forma a corte que acompanha o imperador. Eles são os Vassalos e a Guarda de Honra do imperador.

O trono para o imperador, como um altar suntuoso, é montado em sua casa, em local de destaque. Ali ficam as insígnias do Império, a coroa e o cetro, ladeados pelas bandeiras. Na rua, também é montado o Império do Divino – um palanque luxuoso, com trono para o imperador e bancos para seus vassalos, que, sentados, assistem à apresentação das danças típicas.

O *Imperador* é o responsável por toda a festa. Com a ajuda dos integrantes da comunidade, ele organiza e arrecada recursos para as despesas. Para realizar a grandiosa tarefa de reinar sobre o povo, seus súditos, e conduzi-los para a festa, o imperador organiza uma corte também grandiosa.

O *Alferes da Bandeira* conduz a bandeira do divino, percorrendo as casas e onde for necessário, para abençoar as famílias visitadas e arrecadar donativos para a festa em nome do Divino Espírito Santo. As bandeiras do Divino são feitas em tecido vermelho e pintadas ou bordadas com a figura da pomba. A pomba branca, que representa o Divino Espírito Santo, é o principal símbolo da festa. É em torno dela que se desenvolve a maioria das danças e alegorias que animam e enfeitam a festa. Cascudo registrou, em *Folclore do Brasil* (p. 49):

> Da festa do Divino há uma dança popular em Goiás, Minas Gerais, São Paulo, Rio Grande do Sul, o Moçambiques, série de bailados movimentados, dançarinos em fila, com jarreteiras de guisos, túnicas azuis ou vermelhas cintadas, capacete enfeitados de espelhos e fitas, desenvolvendo coreografia agitada e curiosa, manejando e entrechocando os bastões em lutas simuladas, ou agilmente saltando, ao compasso, entre bastões dispostos no solo em figuras convencionais.

O *Capitão de Mastro* é o responsável de erguer o mastro da bandeira, dando início às festas do Divino Espírito Santo. Além do levantamento do mastro, ele organiza e enfeita a procissão.

O *Juiz da Matina* é o encarregado de convidar o povo, com uma alvorada de banda de música, para a festa.

Nas festas do Divino Espírito Santo, as cerimônias e o rituais religiosos estão sempre juntos das outras atividades populares, ditas profanas. Na ocasião, os devotos pagam suas promessas, fazem oferendas e rezam. Há ladainhas, novenas e missas. As pessoas também se divertem nas danças, leilão de prendas, distribuição de doces para as crianças e nos demais folguedos da festa. O encerramento da festa ocorre quando a Bandeira do Divino é entregue para o próximo imperador.

O imperador oferece um grande almoço para todos os participantes da festa. A celebração do Espírito Santo, segundo a Igreja Católica, representa o compromisso dos cristãos com a transformação da sociedade segundo os critérios divinos. Nesse caso, a essência das festas seriam a fraternidade e a igualdade, que se realizam por meio da distribuição de comida, dos banquetes coletivos e populares.

Apesar de todo luxo presente na festa, nas vestimentas, no trono e no palanque, seus organizadores afirmam que o imperador escolhido não precisa ser rico nem letrado. Eles acreditam que a teatralidade da festa quer mostrar que, na comunidade cristã, todos podem exercer uma liderança que possa conduzir o povo para uma vida melhor, mais justa, mais digna e cristã! Com poderes imperiais. Aliás, houve uma época em que o imperador tinha o direito de ordenar a libertação de presos comuns, em localidades do Brasil e de Portugal. Câmara Cascudo, no *Dicionário do Folclore Brasileiro* (p. 266), confirma a importância dos imperadores:

> Eram recebidos solenemente à porta das igrejas pelos párocos, e o Imperador assistia à missa na capela-mor em cadeira de espaldar. O Imperador do Divino soltava, sem processo, os presos por dívida. Em certas vilas ou cidades, o Imperador do Divino, com sua corte solene, dava audiência, com as reverências privativas de um soberano.

Hoje, essa espécie de humanismo cristão, propagado na Festa do Divino, parece submergir nas ondas dos mais variados fundamentalismos e dos apelos individualistas da modernização e consumismo capitalista.

O Brasil mantém-se como um dos países com maior população de fé católica. Ao mesmo tempo, também se verifica o crescimento das igrejas evangélicas. De ambos os lados, esse avanço tem sido acompanhado por atitudes fundamentalistas e pela intolerância religiosa.

Embora o preconceito e a discriminação atinjam a todos os grupos religiosos, no Brasil eles voltam-se principalmente para as religiões de descendência africana. Os canais de televisão pertencentes a religiões – católicas e evangélicas – ofendem, uns sistematicamente, outros menos, as religiões afrodescendentes. Pessoas que praticam o Candomblé e os próprios terreiros ainda são atacados por integrantes de outras religiões. Enquanto isso, o proselitismo de algumas igrejas beira o charlatanismo.

Se essas atitudes continuam presentes e corriqueiras neste mundo e neste tempo ditos civilizados, cabe recordar que as manifestações de ódio religioso ocorreram e ainda ocorrem ao longo da História. Na Idade Média, as Cruzadas da cristandade contra os muçulmanos (ainda hoje encenadas nas festas do Divino); a dizimação de judeus durante a II Guerra Mundial; a violenta expansão de Israel, sobre a população e as terras usurpadas dos palestinos muçulmanos; a violência e o obscurantismo dos *jihadistas* islâmicos, destruindo símbolos religiosos e arquitetônicos, sequestrando e matando mulheres, impedindo-as de estudar, transformando-as em bombas e em escravas sexuais são alguns exemplos da intolerância religiosa de ontem e de hoje.

Enquanto alguém considerar que o seu deus é melhor que o deus do outro, essas lutas insanas não terão fim. Principalmente se a chama dos interesses políticos continuar incendiando o inflamável combustível da religião. Nessas fogueiras, não haverá lugar para o humanismo e, muito menos, para as delícias e maravilhas dos paraísos e terras prometidas. Seremos todos queimados.

REFERÊNCIAS

CASCUDO, Luís da Câmara. **Antologia brasileira de folclore.** São Paulo: Global, 2001.

_____. **Dicionário do Folclore Brasileiro.** São Paulo: Global, 2012a.

_____. **Folclore do Brasil.** São Paulo: Global, 2012b.

Sites consultados

www.portaldodivino.com/Midia/rita%20amaral.htm

www.fuj.com.br/files/aoDCIpXiaD7lF4W.doc

encipecom.metodista.br/mediawiki/images/0/08/GT4Texto009.pdf

www.pirenopolis.tur.br/cultura/folclore/festa-do-divino

www.geledes.org.br/

https://pt.wikipedia.org/wiki/Festa_do_Divino_Espírito_Santo

https://educacao.uol.com.br/.../festa-do-divino-comemoracao-tem-sete-seculos-de-exis...

REISADO

REISADO – NATAL, 2017. PEDRO DE LIMA.

O ciclo das grandes navegações, inaugurado por Portugal e Espanha, teve como objetivo garantir para aqueles países o acesso aos produtos orientais, principalmente às especiarias. Além de ampliar os seus mercados, as consequências desse processo, do ponto de vista cultural e civilizatório, foram muito maiores. Ao mesmo tempo que ocorriam a dominação e a exploração dos lugares conquistados pelos europeus, houve também transposições e intercâmbios culturais intensos e duradouros. Essas trocas envolveram diferentes visões de mundo, idiomas, hábitos alimentares, crenças religiosas e folguedos populares.

Mais tarde, os portugueses, quando chegaram ao Brasil, com as espadas, canhões e as bandeiras com a cruz de Cristo, trouxeram também a sua cultura milenar, da qual também fazem parte as festas de reis, o reisado.

Muitos países da Europa celebram a Festa dos Reis Magos. Em alguns, a festa é o momento de dar e receber presentes. Na Espanha, a data é chamada de Festa de Reis. Na Itália, chama-se Festa da Befana, uma velha bruxa que dá presente para as crianças. Na França, é o dia de se comer a *gallette de rois* e coroar como rei a pessoa que receber, ao acaso, o pedaço de torta que contém um pequeno prêmio dentro. Em Portugal, é conhecido como Reisada ou Reseiro.

No Brasil, Reisado, Folia de Reis, Terno de Reis são os nomes dados aos festejos realizados por grupos que cantam músicas chamadas *ternos*, entre o dia de Natal (25 de dezembro) e o dia dos Reis Magos (6 de janeiro). Em alguns lugares, há grupos de reisado que se apresentam durante todo o ano, como em Sergipe.

A festa celebra, segundo a narrativa cristã, a viagem dos três Reis Magos, Gaspar, Melchior (ou Belchior) e Baltazar, que, seguindo a Estrela de Belém, encontram o lugar onde Jesus havia nascido, segundo a narrativa cristã. Os Reis Magos, além de reverenciarem o Menino Jesus, também lhe deram presentes: ouro, incenso e mirra, que, segundo a tradição, simbolizavam a realeza, a divindade e a imortalidade. Cascudo, no *Dicionário do Folclore Brasileiro* (p. 610), fala sobre o reisado: "No Brasil, a denominação, sem especificação maior, refere-se sempre aos ranchos, ternos, grupos que festejam o Natal e Reis. O reisado pode ser apenas a cantoria como possuir enredo ou série de pequeninos atos encadeados ou não."

As denominações do Reisado podem mudar de um lugar para outro. Em alguns, há uma completa identificação com as festas de boi: Bumba meu boi, Boi-de-Reis, Boi-Bumbá e Boi. Em São Paulo, chama-se Folia de Reis. Ali, a festa é composta de apresentações de grupos de músicos e cantores, todos com roupas coloridas, entoando versos sobre o nascimento de Jesus Cristo, liderados por um *mestre*.

A Festa do Reisado, como se fosse uma apresentação de teatro, é uma espécie de auto de natal. Um indício dessa sua ligação com o teatro é a existência dos *entremeios* (corruptela de *entremezes*), antiga denominação para pequenas encenações dramáticas, que são intercaladas com outras peças, embaixadas e batalhas.

A festa se realiza seguindo uma estrutura, como atos em sequência: a abertura da porta, a entrada, a louvação do Divino, as chamadas do rei, as peças de sala, as danças, a guerra, as sortes. Os enredos mudam dependendo da época e do lugar, misturando temas sacros e profanos. Luís da Câmara Cascudo, no *Dicionário do Folclore Brasileiro* (p. 610), registrou um exemplo de variação do enredo ocorrido em um reisado da cidade de Viçosa que ele assistiu em Maceió:

> Um reisado a que assisti em Maceió, Alagoas, em 1952, tinha vários motivos, lutas do rei com fidalgos, até que era ferido, depois de prolongado duelo a espada, sempre solando e sendo respondido, em repetição e uníssono, por todo o grupo, espetaculosamente, vestido e com coroas e com chapéus estupefacientes, espelhos, aljôfares, fitas, panos vistosos com areia brilhante etc.

Para encenar o enredo sobre o nascimento do Menino Deus e a visita dos Três Reis Magos, os brincantes saem pelas ruas em procissões, vestidos com roupas muito coloridas, com chapéus, muitas fitas e muitos espelhinhos. São pequenos grupos, cantando músicas de louvor. Param em algumas casas e pedem licença para entrar. O dono da casa recebe-os com alegria e se sente honrado pela escolha. Então, o dono da casa oferece comidas e bebidas. O grupo lancha, canta e segue pela rua em busca de outra casa onde parar.

Os principais personagens do Reisado são:

- O *Mestre*, que, utilizando apitos, gestos e ordens, comanda a entrada e saída de peças e o andamento das execuções musicais. Usa um chapéu forrado de cetim, de aba dobrada na testa, adornado com muitos espelhinhos, bordados dourados e fitas compridas de várias cores. O Mestre, que também pode ser chamado de *embaixador*, além de responsável pela organização do reisado, compõe e improvisa os versos a serem ditos e cantados, de acordo com as narrativas sobre a viagem dos Três Reis Magos até Belém, a história de Maria e José e do nascimento de Jesus;
- O traje do *Rei* é um saiote ou calção e blusa de mangas compridas de cores iguais, peitoral, manto de cores diferentes em tecido brilhante. Tem uma coroa encimada por uma cruz; levam nas mãos uma espada e, às vezes, também um cetro. A *Rainha* é representada por uma menina, com vestido branco ou rosa, uma coroa na cabeça e um ramalhete de flores nas mãos. Durante o cortejo, os Reis vêm na frente, logo atrás do Mestre e do Contramestre;
- O *Contramestre* ajuda e substitui o Mestre em sua ausência. Seu traje é semelhante ao do mestre;
- Os *Mateus*, geralmente em dupla, vestem paletós e calças de tecido xadrez, usam um grande chapéu afunilado, com espelhos e fitas coloridas, óculos escuros, rosto pintado de preto, levam pandeiros e são os personagens cômicos do Reisado, junto à Catirina;
- A *Catirina*, noiva do Mateus, veste-se de preto, com um pano amarrado na cabeça, o rosto pintado de preto. Ela corre atrás dos jovens e das crianças.

Tradicionalmente, os instrumentos musicais usados nas festas de reis são o violão, ganzá, viola, rabeca, gaita, tambor ou caixa de triângulo. Às vezes também usam pandeiro, sanfona, cavaquinho, pífanos e os maracás.

Outras figuras formam o *coro* do Reisado. Eles respondem aos cantos do Mestre, dançam e participam nas batalhas. Formam duas fileiras simétricas, organizadas hierarquicamente e posicionadas uma do lado direito, outra do lado esquerdo do Mestre.

Essas festas religiosas e populares estão entranhadas na vida das pessoas que ainda teimam em realizá-las. Elas atestam a mistura étnica que caracteriza a formação da cultura brasileira e mostram a participação democrática das pessoas. Mas essas festas são também as representações da supremacia e do reinado da religião católica. Como na Cavalhada, encenada anualmente em Pirenópolis, aqui também os cristãos lutam e submetem os mouros. A maioria desses folguedos remete-se à prática da fé e da devoção, da fraternidade e da caridade. Mas as espadas estão sempre presentes para não deixar dúvida sobre quem é que manda.

REFERÊNCIAS

CASCUDO, Luís da Câmara. **Antologia brasileira de folclore.** São Paulo: Global, 2001.

_____. **Dicionário do folclore brasileiro.** São Paulo: Global, 2012a.

_____. **Folclore do Brasil.** São Paulo: Global, 2012b.

Sites consultados

www.geledes.org.br/

escola.britannica.com.br/article/483505/reisado

https://pt.wikipedia.org/wiki/Folia_de_Reis

omundodeligialopes.blogspot.com/2008/12/reisado-patrimnio-cultural-brasileiro.html

basilio.fundaj.gov.br/pesquisaescolar/index.php?...com...217%3Areisado...

leonardofsampaio.blogspot.com/2016/.../origem-do-reisado-e-o-reisado-do-escuta.ht...

https://fr.wikipedia.org/wiki/Galette_des_Rois

LENDAS BRASILEIRAS

LENDAS BRASILEIRAS – NATAL, 2017. PEDRO DE LIMA.

Muitas vezes encontramos as palavras *lenda* e *mito* usadas como sinônimos. Outras vezes, de forma arbitrária, atribui-se a qualidade de *mito* a algumas narrativas, enquanto outras são consideradas como *lendas*. Geralmente, o tempo é o critério para denominar uma narrativa de mito ou lenda. Se for da Antiguidade, é mito; se for mais recente, é lenda. Câmara Cascudo, no *Dicionário do Folclore Brasileiro* (p. 396), definiu o que é uma lenda:

> Episódio heroico ou sentimental com o elemento maravilhoso ou sobre-humano, transmitido e conservado na tradição oral popular, localizável no espaço e no tempo. De origem letrada, lenda, legenda, *legere*, possui características de fixação geográfica e pequena deformação. Liga-se a um local, como processo etiológico de informação, ou à vida de um herói...

Os mitos são narrativas utilizadas para explicar fatos da realidade e fenômenos da natureza de difícil compreensão, como as origens do universo, do mundo, da vida e do homem, por exemplo. Os mitos também misturam o real com acontecimentos sobrenaturais, geralmente com um viés trágico. O conteúdo simbólico dos mitos dá a eles um caráter fundador. Na origem de cada uma das religiões, por exemplo, há um mito que a explica e lhe dá sentido. Um mito fala da criação de deuses, da fundação de cidades etc.

Nos mitos e nas lendas se misturam os deuses, a natureza, as pessoas comuns, heróis e personagens sobrenaturais para dar sentido a algum aspecto da vida e do mundo. Tanto os mitos quanto as lendas são narrativas contadas por pessoas e transmitidas oralmente através dos tempos. Os poetas gregos, os jograis e os cantores, os cordelistas, violeiros e cantadores de feira são, geralmente, os portadores dessas narrativas, que também servem para transmitir conhecimentos, padrões éticos e morais.

Aqui abordamos algumas narrativas que entrelaçam o real com o fantástico e o fantasioso, que pretendem explicar a origem de coisas e acontecimentos, ou tratam de pessoa que realizou ou se envolveu em coisas fantásticas.

As lendas, assim como a cultura brasileira, têm a sua base nas três vertentes étnicas e culturais que contribuíram para a formação do povo brasileiro e do Brasil: africana, indígena e europeia. Essas lendas, em grande parte, são de origem indígena. Elas estão impregnadas de elementos rurais e da floresta. Seus nomes comunicam imediatamente a sua origem, como nas lendas do Açaí, Boitatá, Boto, Caipora, Cobra Grande, Guaraná, Iara, Mandioca, Mula sem cabeça, Onça Maneta, Peixe-Boi, Pirarucu, Vitória-Régia.

Na maioria dessas lendas, os elementos das culturas africanas incorporam-se às narrativas de origem europeia ou indígenas. Nas lendas *Negro D'água*, *Saci Pererê* e *Negrinho do Pastoreio*, a cor do personagem sugere a presença do elemento africano.

As lendas urbanas, excetuando as criações contemporâneas que têm um outro sentido, são mais escassas e, mesmo quando ambientadas em vilas e povoados, apresentam fortes ligações com a natureza e o meio rural, como a de Pedro Malasartes.

Os enredos das lendas articulam-se com as condições de vida do povo, do lugar e da época em que foram criadas. Elas expressam diferentes visões de mundo, ensinamentos, apreensões e expectativas de seus criadores. É também por meio das lendas, contadas oralmente ou em textos escritos, que se pode preservar a memória de um povo, de uma cultura.

Saci-pererê: A lenda do Saci-Pererê é uma das mais conhecidas no Brasil. Trata-se de um menino negro que possui uma perna só. Ele fuma cachimbo e usa uma carapuça vermelha que lhe dá poderes mágicos para o bem ou para o mal. A principal característica do Saci é ser muito brincalhão e travesso, como qualquer menino. Ele sempre surge trazido por um redemoinho. Gosta de espantar cavalos e de assustar pessoas e acordá-las com suas gargalhadas. Se alguém tomar-lhe a carapuça, o gorro vermelho que traz sempre na cabeça, pode ter um desejo atendido. É provável que a lenda tenha sido introduzida no Brasil pelos portugueses, pela Região Sudeste, no século XIX. Entretanto há uma versão que diz que o Caipora é seu pai e que a história teria sido criada pelos índios tupinambás. Trata-se da história do Matinta Perera, que deixa de ser pássaro e se transforma em um menino negro de uma perna só, e que aparece aos que andam pela floresta.

Curupira: Esse é mais um personagem com as travessuras de menino no folclore brasileiro. O Curupira é um menino com cabelos vermelhos, dentes verdes e pés virados para trás. A origem do nome é tupi-guarani e significa *corpo de menino*. O Curupira protege as florestas e os animais que a habitam. Ele persegue e mata todos que desrespeitam a natureza. Uma característica do Curupira é assobiar. Andando pela mata, ele deixa rastros com seus pés virados para trás, para perseguir e enganar aqueles que não respeitam a natureza. Quando alguém desaparece nas matas, as pessoas acham que foi por causa do Curupira.

Boitatá: Em tupi-guarani, Boitatá ou Mbaê-Tata significa cobra de fogo. Já no século XVI, em um texto do jesuíta José de Anchieta, foram encontradas referências ao Boitatá. Com nomes parecidos (Baitatá, Biatatá, Bitatá e Batatão mas, também, Cumadre Fulôzinha), a lenda do Boitatá é encontrada em muitas regiões do Brasil. Comadre Fulozinha é uma cabocla que, como uma fada, vive nas florestas do Brasil (principalmente na Zona da Mata nordestina). Muito vaidosa, Fulôzinha tem cabelos compridos e enfeitados com flores coloridas. Seu trabalho é a proteção da fauna e da flora. Como praticamente todas as lendas, esta também foi modificada ao longo do tempo e nas diferentes regiões do País. Uma versão diz que o Boitatá foi o único sobrevivente de um grande dilúvio que cobriu a Terra; ele se protegeu em um buraco escuro e por isso os seus olhos cresceram. Outra versão diz que o Boitatá é a alma de um homem malvado, que sai por aí incendiando o mato. Porém a versão mais conhecida diz que o Boitatá é uma grande serpente de boca e olhos enormes, que expelem fogo contra os que destroem a natureza. Pois, como o Curupira, o Boitatá, que mora no fundo dos rios, também protege os animais e as matas, inclusive contra incêndios.

Boto: A lenda do Boto, também conhecida como a lenda do Boto cor-de-rosa ou do Uauiará, é originária da região amazônica. Segundo a lenda, nas noites de Festas Juninas, o boto, um peixe parente dos golfinhos, sai do rio transformado em homem. O boto, também chamado de Boto Tucuxi, transforma-se em um homem jovem, bonito e charmoso. Na animação dos bailes das Festas Juninas, o homem-boto atrai, encanta e seduz as mulheres para fazer amor com elas na beira do rio. Porém, antes que o dia amanheça, ele volta para as águas do rio, de novo transformado em boto. Por isso, na cultura amazônica o boto é o pai de todos os filhos de origem desconhecida.

Negrinho do Pastoreio: É considerada uma lenda de origem afro-cristã, muito conhecida no sul do Brasil. A história narra as desventuras de um menino escravo que era frequentemente maltratado pelo patrão. Revela toda a crueldade e violência praticadas durante a escravidão. Um dia, enquanto o Negrinho pastoreava, desapareceu um cavalo sem que ele visse. Ao saber do acontecido, o senhor de escravos puniu violentamente o menino, que foi jogado sangrando em um formigueiro. No dia seguinte, quando o fazendeiro voltou ao formigueiro, encontrou o menino de pé, sem qualquer marca das chicotadas no corpo, e sem vestígios das picadas das formigas. O fazendeiro pediu perdão, mas o negrinho não respondeu. Apenas beijou a mão da Virgem Maria, sua protetora, e foi embora em um cavalo baio. As pessoas desenvolveram uma devoção pelo Negrinho do Pastoreio. Passaram a acender velas e pedir ajuda para encontrar algum objeto que perderam. Depois disso, tropeiros, mascates e carreteiros da região, todos dão notícia de um negrinho pastoreando, montado em um cavalo baio.

Iara: Há várias denominações para essa lenda de origem tupi: Iara ou Uiara e também a lenda da Mãe D'água. Iara significa Senhora das Águas. Antes de ser uma sereia, Iara era uma índia bela e inteligente que despertava muita inveja, inclusive de seus irmãos. Assim, para acabarem com o problema, os irmãos resolvem matá-la. No entanto é ela que os mata. Como punição, Iara é lançada no encontro do Rio Negro com o rio Solimões. A partir daí, ela transforma-se em uma sereia muito bonita que atrai os pescadores com sua beleza e suas doces canções a fim de matá-los. Já desde o século XVI, há registro da lenda da Iara no Brasil. A lenda da Iara integra uma tradição universal, que narra a existência de seres metade mulher e metade peixe que, com seu canto sedutor, encantam e atraem os homens para levá-los para o fundo das águas. É muito semelhante às sereias que tentaram seduzir Ulisses no seu retorno de Troia à Ítaca.

Vitória-Régia: Essa lenda, de origem tupi-guarani, conta que, no começo do mundo, toda vez que a Lua escondia-se no horizonte reunia-se com jovens índias que eram suas amigas prediletas. Se a Lua gostasse de uma jovem, transformava-a em estrela. Naiá, filha de um chefe da tribo, ficou impressionada com a história. Quando todos dormiam e a Lua andava pelo céu, Naiá subia as colinas e perseguia a Lua na esperança de que ela a visse e a transformasse em estrela. Fez isso por longo tempo e chorava porque a Lua não a notava. Certa noite, em prantos à beira de um lago, Naiá viu refletida nas águas a imagem da Lua. Pensando que ela, enfim, viera buscá-la, Naiá atirou-se nas águas e nunca mais foi vista. Compadecida, a Lua resolveu transformá-la em uma estrela diferente, a Estrela das Águas, a planta vitória-régia, cujas flores brancas e perfumadas só abrem à noite e ao nascer do sol ficam rosadas.

Caipora: A lenda do Caipora é bastante conhecida em todo o Brasil. Sua origem é tupi-guarani. Tal como o Curupira, com quem se confunde, o Caipora protege as matas, as florestas e os animais. Ao contato com as culturas europeias, a lenda foi se modificando, e o Caipora adquiriu um caráter de personagem maligno. Na verdade, conforme a situação, o Caipora age para o bem ou para o mal. Ele é um menino parecido com um indiozinho, com olhos e cabelos vermelhos e possui os pés virados para trás. Anda nu montado em um porco selvagem e tem uma lança na mão. De acordo com a lenda, ele ataca os caçadores que não respeitam a natureza. Usa todos seus conhecimentos sobre a vida na floresta para fazer armadilhas para os caçadores, destruir suas armas e assustar seus cães. Com os seus pés virados, o Caipora confunde os caçadores, para que eles se percam na floresta. Além disso, ele tem o poder de ressuscitar qualquer animal morto sem sua autorização. Para entrar na floresta, as pessoas devem agradar o Caipora, levando de presente pedaços de *fumo-de-rolo* ou um cachimbo, que devem ser deixados próximos ao tronco de uma árvore.

Guaraná: A palavra *guaraná* deriva da palavra tupi *wara'ná*. O guaraná é um fruto da Amazônia, de sabor doce e agradável, com a qual os índios maués preparavam bebidas. Em função de suas propriedades estimulantes, passou a ser usado em xaropes, chás e bebidas energéticas. Depois, o guaraná foi industrializado, na forma de sucos e refrigerantes, e se popularizou na Amazônia e no Brasil. A lenda do Guaraná explica a origem desse fruto. Diz a lenda que um casal de índios da tribo maués estava junto há muito tempo, mas não tinha filhos. Um dia, eles pediram ao deus Tupã para dar a eles um filho e, assim, completar a sua felicidade. Tupã, sabendo que o casal era cheio de bondade, atendeu ao desejo, e eles tiveram um lindo menino. O tempo passou rapidamente, e o menino cresceu bonito, generoso e bom. No entanto Jurupari, uma divindade do mal e das trevas, sentiu uma grande inveja do menino e da paz e felicidade que ele transmitia, e decidiu ceifar aquela vida em flor. Um dia, o menino foi coletar frutos na floresta, e Jurupari aproveitou-se da ocasião para lançar sua vingança. Ele transformou-se em uma serpente venenosa e mordeu o menino, matando-o instantaneamente. A triste notícia espalhou-se rapidamente. Nesse momento, trovões ecoaram e fortes relâmpagos caíram pela aldeia. A mãe, que chorava desesperada, entendeu que os trovões eram uma mensagem de Tupã, dizendo que ela deveria plantar os olhos da criança e que deles uma nova planta cresceria dando saborosos frutos. Os índios obedeceram e plantaram os olhos do menino. Naquele lugar, cresceram pés de guaraná. As plantas deram lindos e saborosos frutos de cor vermelha, cujas sementes são negras, envolvidas por uma polpa branca, o que lhes dá a aparência de olhos humanos; os olhos negros do jovem índio morto.

Cabeça de Cuia: A lenda narra a história de Crispim, um rapaz de uma família muito pobre que morava nas margens do rio Parnaíba, entre os estados do Piauí e do Maranhão. Conta a lenda que certo dia, chegando para almoçar, sua mãe lhe serviu, como de costume, uma sopa rala, com ossos, já que frequentemente faltava carne em sua casa. Nesse dia ele se revoltou e, no meio da discussão, atirou um osso em sua mãe, atingindo-a na cabeça e matando-a. Antes de morrer, a mãe o amaldiçoou a ficar vagando no rio e com a cabeça enorme no formato de uma cuia. Ele vagaria dia e noite, e só se libertaria da maldição após devorar sete virgens de nome Maria. Com a maldição, Crispim enlouqueceu. E, com medo e ódio, mergulhou no rio Parnaíba, onde se afogou. Seu corpo nunca foi encontrado. Até hoje, as pessoas proíbem suas filhas virgens de nome Maria de lavarem roupa ou se banharem nos rios do Maranhão e do Piauí. Alguns moradores da região afirmam que o Cabeça de Cuia, além de procurar as virgens, assassina os banhistas do rio e tenta virar embarcações que passam pelo rio. Outros também asseguram que Crispim, o Cabeça de Cuia, procura as mulheres pensando que elas são sua mãe, que vem perdoá-lo. Mas, quando ele percebe que são outras mulheres, irrita-se e as mata. O Cabeça de Cuia, até hoje, não conseguiu devorar nem uma virgem de nome Maria.

Pedro Malasartes: O registro mais antigo sobre o personagem Pedro Malasartes encontra-se em uma cantiga do Cancioneiro da Vaticana, datado do século XIII e XIV. Antes de chegar ao Brasil, ele já era citado na Alemanha como Till Eulenspiegel; na Noruega, Peer Gynt; em Castela, como Pedro Urdemales (*urdir* também significa *tramar*); e na Andaluzia, como Pedro de Urdes Lamas. Câmara Cascudo registrou a presença do personagem na Espanha: Pedro Malasartes é figura tradicional nos contos populares da Península Ibérica, como exemplo de burlão invencível, astucioso, cínico, inesgotável de expedientes e de enganos, sem escrúpulos e sem remorsos. A história de Pedro Malasartes chegou ao Brasil como parte da bagagem cultural trazida da Península Ibérica pelos portugueses. O sobrenome do Pedro vem do espanhol: Malasartes, *malas artes*, isto é, artes ruins, contrastando com as belas artes. Significa **burla, esperteza, travessura** e que, no Brasil, terminou sendo sinônimo de malandragem. Pedro nasceu em uma família pobre que, certamente, passava necessidades. Para superar as dificuldades da vida, o personagem usa sua inteligência e sua esperteza. Assim ele consegue enganar os poderosos, avarentos, orgulhosos, vaidosos e os outros também. Em diferentes narrativas, Malasartes oscila entre o herói humilde que faz justiça e o malandro que tenta sobreviver. As qualidades de sabedoria e de sedução fizeram dele um personagem famoso, uma espécie de herói dos contos populares brasileiros. Em muitos outros países, cultivam-se personagens semelhantes a Pedro Malasartes. No Oriente Médio, há Nasrudin, famoso nas histórias árabes. Trata-se de um rapaz, meio maluco, meio gozador, que pode inclusive ser o ancestral árabe de Pedro Malasartes. Com nomes diferentes (Goha, Srulek e Djeha) Nasrudin está presente no Irã, Paquistão, Egito, Turquia e Síria, entre outros países.

Relembro a maioria dessas e de outras histórias lidas ou ouvidas durante a infância, em Caxias, cidade maranhense banhada pelo grande rio Itapecuru. Nos anos 1950, ainda existiam muitas matas e riachos nos arredores. E, mesmo dentro da cidade, há morros, como o do Alecrim e do Sanharó, onde íamos empinar papagaio, buscar sapucaia e azeitonas. O rio Itapecuru atravessa toda a cidade. Na sua margem direita, está a Trizidela, de onde se ia ao riacho do Ponte e à fonte de água mineral da Veneza, locais de passeios, banhos, piqueniques e também de lendas.

Depois do futebol, a grande diversão da criançada era tomar banho nos rios e riachos. Era aí que nasciam os medos, geralmente estimulados pelas pessoas mais velhas. Os adultos contavam histórias de crianças que desapareciam levadas por grandes cobras ou pela triste figura do Cabeça de Cuia. Os adultos praticavam uma espécie de pedagogia do medo. Eles achavam que só conseguiam a obediência das crianças através do medo: *vá dormir senão o Bicho Papão te pega; come senão eu chamo o Papa-figo; se você for tomar banho no rio, a cobra sucuruiú e o Cabeça de Cuia vão te matar e comer.* A gente achava ruim mergulhar com medo. Mas íamos assim mesmo; com um certo receio. Além dessas, as histórias de Pedro Malasartes também eram muito atrativas, e todos sentíamos muita pena do Negrinho do Pastoreio.

REFERÊNCIAS

ACQUAVIVA, Marcus Cláudio. **Lendas e tradições das américas.** São Paulo: Hemus, s.d.

CASCUDO, Luís da Câmara. **Antologia brasileira de folclore.** São Paulo: Global, 2001.

_____. **Dicionário do Folclore Brasileiro.** São Paulo: Global, 2012a.

_____. **Folclore do Brasil.** São Paulo: Global, 2012b.

ESPINHEIRA, Ariosto. **Lendas brasileiras.** 6. ed. Brasil Escola; Viagem Através do Brasil, Volume 1, Edições Melhoramentos.

Sites consultados

nossalindaguamare.blogspot.com/2012/07/folclore-brasileiro.html

www.suapesquisa.com/folclorebrasileiro/lenda_caipora.htm www.travessa.com.br › Livro › Livros Humanidades › Livros de Folclore

www.memoriaviva.com.br/cascudo/lendas.htm

www.sohistoria.com.br/lendasemitos/br/

https://pt.wikipedia.org/wiki/Lendas_do_folclore_brasileiro

BILROS E RENDAS

BILROS DE RENDA – NATAL, 2017. PEDRO DE LIMA.

Não duvido que fazer renda seja uma atividade prazerosa para quem faz. Mas, com certeza, também é uma atividade fascinante para quem assiste. O próprio instrumento de trabalho da rendeira já é por si mesmo uma atração. Embora simples, sua forma tem algo de inusitado. A almofada é uma espécie de cilindro arredondado nas extremidades, forrado com pano e recheado com palha ou algodão e, depois, coberto com um tecido mais fino. Um suporte de madeira apoia a almofada. Em Portugal, de onde veio para o Brasil, esse equipamento se chama *rebolo*.

Da parte superior da almofada, presos a fios, objetos arredondados pendem em cachos como frutas estranhas. São bastões, mais ou menos do tamanho e da espessura de um lápis, em cujas extremidades existem pedaços de madeira torneados em forma de pera ou de bolas.

Essas bolinhas podem ser feitas de outros materiais, como osso ou simples caroços de tucum ou de macaúba (ou macaíba), como é comum no Nordeste. No Brasil esses acessórios são chamados de *bilros*.

Para trabalhar, as artesãs (*rendilheira* em Portugal e *rendeira* no Brasil) usam um cartão com pequenos furos (*pique*, em Portugal, *pinicado*, no Brasil), com o desenho da renda que se vai fazer. Enquanto trabalha, a rendeira espeta os alfinetes (ou espinhos) naquela espécie de guia ou molde e vai manipulando os bilros, de acordo com o desenho. Mas nem sempre as rendeiras trabalham com um desenho elaborado previamente, a matriz. Sendo experientes, elas tecem a renda de memória, sem modelos.

Os bilros, além de comporem esteticamente o conjunto, constituem uma criativa solução para o manuseio das linhas, para bordar sem embaraçá-las. É do hábil e rápido manuseio desses fios, do entrelaçamento deles, que se tece a renda e nascem verdadeiras obras de arte.

Quando se trata de falar da antiquíssima origem das rendas de bilros, até os Fenícios são mencionados. Pois, como grandes comerciantes, que navegavam pelos portos do mar Mediterrâneo, podem ter sido os difusores dessa técnica e dessa arte, ao longo de suas rotas comerciais, inclusive, na costa de Portugal.

De fato, não se sabe com certeza a origem das rendas de bilros. Supõe-se que surgiram na Itália, ou na região de Flandres. De todo modo, os bilros e as rendas difundiram-se pela Inglaterra, Bélgica, Espanha e Portugal. Em Portugal, a data mais remota das rendas de bilros seria 1560, aproximadamente, no reinado de Dom Sebastião. Então, elas eram usadas para a ornamentação de igrejas e para as vestes eclesiásticas, e estavam restritas aos conventos.

Várias localidades portuguesas são famosas por suas rendas de bilros. Principalmente a cidade de Peniche, que, pela qualidade do trabalho ali realizado, deu o seu nome às rendas de bilros portuguesas, as quais passaram a ser conhecidas também como rendas de Peniche.

As rendas de bilros chegaram ao Brasil trazidas pelos portugueses, no início da colonização, em meados do século XVII. No Brasil, esse artesanato concentrou-se, principalmente, nas cidades do litoral dos estados do Ceará, Piauí, Rio de Janeiro e Santa Catarina. Mas as rendeiras estão presentes em praticamente todo o Nordeste, nos estados de Alagoas, Pernambuco, Paraíba, Rio Grande do Norte e Maranhão, Sergipe e Bahia. No Nordeste, tanto no litoral quanto no sertão, as rendas de bilros se popularizaram, criando uma nova tradição.

Nos anos 1950 e início dos anos 1960, a industrialização no Nordeste ainda era muito incipiente. Na maioria dos setores, predominava o artesanato. Muitas famílias costuravam suas próprias roupas.

E também confeccionavam belas peças de renda, bordado e croché. Feitas em casa ou adquiridas na vizinhança, as toalhas de mesa e roupas de festa eram adornadas com rendas, com bordados ou com crochés. Muitas vezes, até as meias eram bordadas.

Não era incomum que, em suas casas, as famílias tivessem, além da máquina de costura, agulhas, bastidores e uma almofada de bilros. Uma tia, que morava com minha avó, mãe de meu pai, tinha uma almofada de bilros. Vê-la trabalhando, fazendo renda, era uma coisa mágica.

É realmente fascinante ver o trabalho das rendeiras. Admirar sua habilidade trançando os bilros, entramando as linhas, tecendo a renda. Com as mãos ágeis, como se fossem mágicas, com a renda, elas produzem sons batendo os bilros uns nos outros. Assim, pode-se dizer que cada renda tem a sua própria música. Aliás, existe uma canção popular bastante conhecida, que costuma ser associada ao bando de cangaceiros de Lampião: "Olê mulher rendeira, olê mulher *rendá*. Tu me *ensina* a fazer renda, eu te ensino a namorar... Lampião subiu a serra, foi *um* baile em Cajazeiras, convidou moça donzela pra cantar mulher rendeira..."

Entre uma trama e outra, a troca parece razoável! Fazer renda e namorar. Mas será que o poeta pensou na renda de bilros como uma metáfora da amizade e do amor? É possível. E, nesse caso, fazer renda e namorar são palavras que tratam do mesmo assunto, do *enrendamento*. Afinal, tudo é história, e cada história tem o seu enredo!

REFERÊNCIAS

HENRIQUES, Ana Carolina Rolo dos Santos Afonso. **No princípio estava o mar:** Peniche – o património cultural, o turismo e o mar. 2010. Dissertação (Mestrado em Lazer, Património e Desenvolvimento) – Faculdade de Letras, Universidade de Coimbra, Coimbra, 2010.

RAMOS, Luiza; RAMOS, Arthur. **A renda de bilros e sua aculturação no Brasil.** São Paulo, 1948.

FLEURY, Catherine Arruda Ellwanger. **Renda de bilros, renda da terra, renda do Ceará:** São Paulo: Annablume, 2002.

GIRÃO, Valdelice Carneiro. **Rendas de Bilros.** Fortaleza: Ed. UFC, 1984.

Sites consultados

https://pt.wikipedia.org/wiki/Renda_de_bilros

https://www.google.com/culturalinstitute/beta/exhibit/rendas-de-bilros

http://floripamanha.org/tag/renda-de-bilro/

www.rendasdebilros.com/história

terrasdeportugal.wikidot.com/rendas-de-bilros-peniche

www.artesol.org.br/

www.bahia.ws/renda-de-bilro-no-nordeste/

https://www.youtube.com/watch?v=-MaGEGh4Uto

CORDEL

CORDEL – NATAL, 2017. PEDRO DE LIMA.

A literatura de cordel aborda os assuntos do cotidiano, os fatos históricos, os temas religiosos, as histórias de amores impossíveis, de princesas presas nas torres de castelos, as histórias de cavaleiros andantes prontos para lutar em torneios, matar dragões e resgatar princesas, as histórias de reis tiranos e de reinos encantados; os mitos, lendas e outras narrativas tradicionais.

Entre os milhares de títulos de cordéis já publicados, encontram-se os folhetos com as lendas do Negrinho do Pastoreio, da Caipora e do Cabeça de Cuia; e as histórias de Pedro Malasartes e João Grilo. Outros cordéis trazem *A Saga de Rapunzel, A Princesa Teodora, Juvenal e o Dragão, Oliveiro e Ferrabrás*. São muito conhecidos os cordéis com histórias de cangaceiros: *A Sina de Lampião, A Chegada de Lampião no Inferno, Lampião e a Velha Feiticeira, Lampião Fazendo o Diabo Chocar um Ovo, A Ameaça de Corisco de Atacar Ibiara*.

Os folhetos também funcionam como uma espécie de grandes reportagens: Pelé na Copa do Mundo, O Meu Sertão no Inverno, E a Seca no Sertão, sempre fiéis aos fatos, mas escritos com alguma licença poética. Os relatos que falam da devoção, da religiosidade e dos milagres, como Maria Madalena, É Bom Tudo o Que Deus Faz, A Vida de Padre Cícero, também são matéria-prima para a literatura de cordel.

Os cordéis mais famosos e com maior tiragem, depois do imbatível Romance do Pavão Misterioso, são os que narram as ações dos bandos de cangaceiros e, principalmente, de seu líder Lampião (Virgulino Ferreira da Silva, 1900-1938), e os que narram fatos ligados à trajetória política do presidente Getúlio Vargas (1883-1954).

O cordel é uma forma de expressão literária que, tendo sua origem na Europa, se desenvolveu como uma arte brasileira. Trata-se de um gênero de muito sucesso junto à população pobre e iletrada, especialmente no Nordeste. Se muitos o tem como uma fonte de informação e entretenimento, os cordelistas e os xilógrafos encontram nele o caminho de sua expressão artística. Os cordelistas são, ao lado de violeiros, repentistas, cantadores de coco, artistas muito apreciados pelo povo. Uns são artistas da palavra transformada em versos. Outros, a partir dos versos, às vezes improvisados, expressam-se por meio da música. Os xilógrafos, além de sua obra pessoal, traduzem com as imagens gravadas na madeira os personagens e as situações criadas pelos poetas.

Os poetas populares da literatura de cordel escrevem suas histórias, geralmente, em estrofes de 10, oito, sete ou seis versos. Eles as recitam, em espaços públicos, criando a dramaticidade necessária com a entonação e as pausas, ao mesmo tempo que interpretam e dão voz a cada um dos personagens.

A literatura de cordel é encontrada principalmente no Nordeste, nos estados de Pernambuco, da Paraíba, do Rio Grande do Norte e do Ceará. Mas também pode ser encontrada em outros estados, como Rio de Janeiro, Minas Gerais e São Paulo.

A origem mais remota da literatura de cordel encontra-se na Europa, junto ao desenvolvimento das técnicas de impressão. Os primeiros folhetos teriam sido criados ainda na Idade Média, quando os romances dos trovadores, antes apresentados oralmente, também passaram a ser impressos. Desse modo, os conteúdos dos folhetos de cordel já existiam antes mesmo de sua invenção. Então, além de romances e comunicados oficiais, peças de teatro, como as de Gil Vicente (1465-1536), também foram editadas na forma de folhetos.

Antes que os portugueses a trouxessem ao Brasil, a literatura de cordel já era bastante popular em muitos países da Europa. Na França, os folhetos eram chamados de *literature de colportage*; na

Inglaterra eram *chapbooks*; chamavam-se *pliegos sueltos* na Espanha; e literatura de cordel, em Portugal, de onde herdamos o nome.

Acredita-se que, ainda na metade do século XVIII, já existiam poetas populares no Brasil, embora não se possa comprovar com documentos. Assim, os folhetos propriamente brasileiros só teriam aparecido na segunda metade do século XIX. Em uma época em que as comunicações entre as diversas localidades da Colônia inexistiam ou eram precárias, os poetas, cantadores e violeiros cumpriam o papel de informar as pessoas. Principalmente, porque praticamente toda a população brasileira era analfabeta. Assim, esses artistas andavam pelos sítios, fazendas, povoados e cidades espalhando as informações e entretendo as pessoas.

Contrastando com a colônia portuguesa, cabe lembrar que no Vice-Reino do Peru os espanhóis fundaram a Universidade de São Marcos ainda na metade do século XVI, em 1551. No Brasil, os cursos superiores só foram criados no século XIX. Durante todo o Período Colonial, os portugueses também proibiram a edição e divulgação de livros e jornais. Nesse contexto, tudo contribuía para a não circulação de informações ou para a sua circulação clandestina, e a preservação do analfabetismo. Fora do âmbito da Igreja Católica, só os poetas e cantadores faziam circular, nos seus folhetos, alguma informação junto à população pobre.

Os poetas, entre os quais muitos também eram pessoas iletradas, criavam e improvisavam histórias rimadas em versos que, eventualmente, eram passadas para o papel. Eles recitavam suas obras nas fazendas e sítios, nas feiras e mercados ou nas praças, às vezes, acompanhados por música de violas e outros instrumentos, como se fazia na tradição europeia e ainda hoje se faz, especialmente no Nordeste.

Um dos folhetos brasileiros mais antigos, *A peleja de Riachão com o Diabo*, foi escrito, em 1889, pelo poeta paraibano, Leandro Gomes de Barros. No início do século XX, em 1909, o poeta Leandro Gomes publicou outro folheto, *O dezreis do governo*, no qual abordava a abusiva cobrança de impostos durante a República Velha.

Leandro Gomes de Barros (1865-1918) e João Martins de Athayde (1880-1959) estão entre os poetas cordelistas pioneiros. Outros grandes poetas autores de cordéis são João Melquíades Ferreira da Silva, José Pacheco, Dila, Cordeiro Manso, Joaquim Sem Fim, Antonio Cruz, Manoel V. Paraíso, Joaquim Silveira, José Camelo de Melo, Romano Elias da Paz, Moisés Matias de Moura, José Adão, Manoel Tomás, Laurindo Gomes Maciel, J. Victor, Bráulio Tavares, Daudeth e Bebé de Natércio, e muitos outros.

A grande popularidade da xilogravura no Brasil está associada à sua utilização nas capas dos folhetos de cordel. Muitas vezes o poeta era também o xilogravador. Alguns se dedicaram a preparar matrizes de madeira para ilustrar seus próprios folhetos: José Martins dos Santos, Manoel Apolinário, Cirilo, Dila, Damásio Paulo, Valderedo Gonçalves e José Costa Leite.

Embora ainda mantenha um público cativo, o avanço das mídias contemporâneas e as demandas do mercado forçam mudanças que atingem o trabalho dos artistas do cordel. Não obstante o desaparecimento das gráficas tradicionais, espécie de santuário de cordelistas e xilógrafos, a literatura de cordel ainda resiste. Pois os novos processos de digitação e de impressão tornaram mais fácil e mais barato a criação e publicação de um folheto de cordel. Como se diria popularmente: *hoje qualquer um pode publicar o seu cordel sem sair de casa!*

Porém, se houve esse ganho na produção em geral do folheto de cordel, verifica-se uma perda no que se refere à sua ilustração, ou melhor, à sua capa. Esta, pouco a pouco, vai deixando de lado a xilogravura. Não disponho de elementos quantitativos para dimensionar essa mudança. Mas nos lugares de venda e na internet, constato o uso cada vez maior de desenhos e de fotografias impressos em *off-set* ou em outros processos, nas capas dos folhetos de cordel.

Nada mais distante de um cordel, cujo texto costumava ser escrito no calor do acontecimento ou sob o impacto da emoção ou da paixão. As narrativas usam uma linguagem popular, com vocabulário simples, acessível. Depois, o texto é composto e montado, com tipos móveis, em um *componedor*. Feitas as revisões, as páginas são impressas em uma máquina manual ou semimanual, tendo como capa uma xilogravura alusiva ao tema.

Entretanto onde vejo uma perda, outros podem ver a possibilidade de modernização, de atualização do cordel. As novas mídias e os novos processos de impressão possibilitam a invenção de um novo produto, cuja principal característica viria a ser a limpeza, a clareza, a perfeição, resultado da digitação e impressão eletrônicas. O próximo passo já foi dado a caminho do *e-cordel*!

Esse é mais um exemplo de como a inovação tecnológica transforma a expressão da cultura popular. Mas, nesse caso, não a extingue. Tanto quanto o livro impresso, que muitos vaticinavam sua morte diante do aparecimento do *e-livro*, o folheto de cordel também está sobrevivendo. De fato, ele também é um exemplo de grande longevidade. Pois, tendo sua origem na Idade Média, conseguiu sobreviver, até agora, por seis séculos. Longa vida ao folheto de cordel!

Já mencionei em outro lugar que, quando criança, eu me fascinava ao ouvir a leitura dos folhetos de cordel. Ouvindo aquelas histórias fantásticas, eu me esquecia de tudo. Desligava-me; *viajava*, como se diz. Muitas vezes, momentaneamente, eu me perdia de minha mãe, quem eu costumava acompanhar nas compras no mercado e na feira. Foi um aprendizado que me deixa boas recordações.

RFERÊNCIAS

BARROS, Miguel Pereira. **Relações de gênero na literatura de cordel.** Curitiba: Appris, 2015.

SILVA, Gonçalo Ferreira da. **Vertentes e evolução da literatura de cordel.** Rio de Janeiro: Rovelle, 2011.

_____. **Dicionário brasileiro de literatura de cordel.** Rio de Janeiro: Rovelle, 2013.

HAURÉLIO, Marco. **Breve história da literatura de cordel.** São Paulo: Claridade, s.d. (livro digital).

Sites consultados

https://pt.wikipedia.org/wiki/Literatura_de_cordel

http://literaturanacorda.com/origem/

http://www.suapesquisa.com/cordel/

docvirt.com/docreader.net/WebIndex/WIPagina/CordelFCRB2/756

www.casaruibarbosa.gov.br/cordel/JoaoMelquiades/joaoMelquiades_biografia.html

https://pt.wikipedia.org/wiki/João_Melchíades_Ferreira_da_Silva

PAVÃO MISTERIOSO

PAVÃO MISTERIOSO – NATAL, 2017. PEDRO DE LIMA.

O *Romance do Pavão Misterioso*, publicado em 1923, é o mais cantado, o mais lido e o mais vendido entre os folhetos de literatura de cordel. Consta que até hoje já foram impressas mais de 10 milhões de cópias do *romance*. A narrativa foi escrita pelo poeta José Camelo de Melo Rezende (1885-1964), nascido em Pilõezinhos, estado da Paraíba.

Entretanto João Melquíades Ferreira da Silva (1869-1933), outro cordelista, apropriou-se da história de José Camelo, publicando-a como se fosse sua. Por isso, ainda hoje, a versão mais conhecida não é o texto original de José Camelo, mas a história publicada por João Melquíades Ferreira, conhecido como o *Cantor da Borborema*, que a teria ouvido de um outro cantador. Além dessa apropriação indevida, ainda há outras disputas pelos direitos autorais do *Romance do Pavão Misterioso*.

O poema, que aborda o tema do amor, da aventura e do heroísmo, foi concebido de modo tradicional, com 32 páginas, em versos de sete sílabas ou redondilhas.

A história ocorreu entre a Turquia e a Grécia, onde morava uma bela jovem, filha de um conde muito *orgulhoso e valente*. A história começa com dois irmãos que moravam na Turquia. O mais velho era João Batista, e o mais novo, Evangelista. Um dia, Evangelista pediu a seu irmão João Batista que lhe trouxesse de sua viagem ao estrangeiro um objeto bonito, próprio para um rapaz solteiro. Na Grécia, antes de voltar da viagem, João Batista comprou uma fotografia de uma moça muito bonita chamada Creuza, que vivia presa em um quarto de sobrado.

Ao retornar para a Turquia, Batista mostrou a Evangelista o retrato que lhe havia trazido de presente. Quando o jovem viu a fotografia, quis falar, *mas tremeu a fala*. Não acreditava na perfeição da beleza da moça do retrato. Depois que Batista confirmou que era verdade, Evangelista recusou todos os conselhos do irmão e resolveu sair em busca da moça do retrato.

Evangelista sentiu uma paixão arrebatadora ao ver, por meio de uma fotografia, a beleza da jovem Creuza. Porém o pai de Creuza, um conde grego, não permitia que nenhum homem se aproximasse dela e, por isso, ele a mantinha presa no sobrado da casa onde viviam. Imediatamente, Evangelista sentiu uma vontade irrefreável de libertá-la, de amá-la e de casar com ela. E, logo, viajou para a Grécia.

Na Grécia, Evangelista andou disfarçado esperando um dia ver a donzela. Quando ele viu, pessoalmente, o brilho e a beleza da donzela reafirmou a sua decisão de libertá-la e casar com ela. Para realizar seu plano, encomendou a um engenheiro famoso, chamado Edmundo, a construção de uma máquina para raptar a moça. Edmundo inventou uma obra desconhecida até então, um aeroplano de pequena dimensão, fabricado de alumínio, na forma de um pavão mecânico. Esse *pavão misterioso* era uma máquina, com muitos recursos fantásticos. Tinha a cauda como um leque e asas como pavão, que permitiam voar para qualquer lugar. Era um pavão-aeroplano, que podia ser armado ou desarmado apenas apertando um botão. Evangelista pagou *200 mil reis* ao engenheiro por esse aeroplano maravilhoso.

Apesar dos desencontros e das idas e vindas, Evangelista, depois de muitas tentativas, conseguiu libertar Creusa.

Na primeira vez, à meia-noite, o pavão levantou voo e pousou na cumeeira do sobrado do conde. Evangelista, em silêncio, desceu por um buraco no telhado para o quarto, onde Creuza dormia. Para acordar a donzela, sem assustá-la, pôs a mão em sua testa. Porém Creuza gritou chamando o pai. Aí o rapaz lhe disse que não havia perigo, que era amigo e que queria casar com ela.

Quando a moça perguntou quem ele era, disse que era estrangeiro, declarou seu amor e a pediu em casamento. Naquele momento, Creuza não quis conversa. Mas depois chorou arrependida por não ter acreditado no rapaz. E lamentou a situação de prisioneira que levava, sem direito de viver a sua vida e de gozar a mocidade.

Evangelista desarmou o seu pavão e escondeu tudo em uma pequena caixa. Na quarta visita, depois de 60 dias, Evangelista de novo desceu sorrateiramente ao quarto da moça. Creuza estava acordada e chorava. Disse que não queria mais ficar no sobrado. Concordou em casar com Evangelista, antes que o pai a matasse. E disse que já estava pronta para fugir. Um soldado que viu o momento da fuga falou: *Orgulho é uma ilusão/ um pai governa uma filha/ mas não manda no coração/ pois agora a condessinha/ vai fugindo no pavão.*

Evangelista retornou para a Turquia e lá casou-se com Creuza. Depois, com a morte do conde, o casal voltou à Grécia. Creuza recebeu uma herança. E Evangelista conheceu a sogra.

Ao longo da narrativa, acontecem maravilhas, a começar pelos locais e cenários da história. De fato, é interessante notar a geografia, o espaço onde se desenvolve o romance. O herói Evangelista é oriundo da Turquia, e sua aventura acontece na Grécia, onde mora a jovem Creuza. Não encontrei nenhuma menção às possíveis fontes inspiradoras de José Camelo. E, sendo assim, não se pode afirmar que se trata ou não de uma coincidência. Porém, muito antigamente, o poeta grego Homero narrou uma outra história de amor, na qual Paris, proveniente de Troia, situada na Anatólia, hoje Turquia, apaixonou-se e raptou Helena, uma bela mulher, esposa de um rei grego, o que provocou uma guerra e muitos relatos literários.

De todo modo, os especialistas reconhecem no *Romance do pavão misterioso* influências das narrativas contidas nas *Mil e Uma Noites*. Além disso, Evangelista é o estrangeiro que liberta, expressando um atributo sempre presente nos romances e em outras formas de narrativa. O pavão, a ave, de acordo com os especialistas, é portador de uma grande quantidade de símbolos. O pavão é uma ave do paraíso. E também é considerado uma ave de signo solar, do fogo, da beleza, da paz, da prosperidade, da fertilização, da imortalidade.

O *Romance do pavão misterioso* já teve mais de 50 reedições e novas edições. Em 2013, o famoso cordel completou 90 anos do seu lançamento. A data foi comemorada com festas na cidade de Guarabira, no estado da Paraíba. Houve uma exposição, "Um Olhar Contemporâneo do Pavão Misterioso", da qual participaram muitos artistas plásticos. Também houve o lançamento do cordel *90 Anos de Encantos de um Pavão Misterioso*, de autoria de Paulo Gracino.

Nestes quase 100 anos de existência, além de encantar milhões de leitores e ouvintes, o cordel do pavão misterioso também tem inspirado a encenação de peças de teatro, cinema e canções. O *Romance do Pavão Misterioso* também inspirou a música do compositor cearense Ednardo, o *Pavão Mysteriozo*.

RFERÊNCIAS

Sites consultados

http://www.casaruibarbosa.gov.br/cordel/JoseCamelo/joseCamelo_acervo.html

http://www.passeiweb.com/estudos/livros/romance_do_pavao_misterioso

https://www.correiodaamazonia.com.br/o-pavao-misterioso-o-cordel-e-cancao-por-isabela-abes-casaca/

http://oplanetaehnosso.blogspot.com.br/2010/04/o-romance-do-pavao-misterioso.html

http://www.vermelho.org.br/noticia/215584-11

http://ebooks.pucrs.br/edipucrs/anais/IIICILLIJ/Trabalhos/Trabalhos/S3/elisasantos.pdf

http://urca.br/liranordestina/index.php/component/content/article/6-zincogravuras-ou-cliches/43394-romance-do-pavao-misterioso

JUNINA

JUNINA – NATAL, 2017. PEDRO DE LIMA.

A palavra *pagão* origina-se do latim *paganus*, que significa camponês ou rústico. Referia-se às pessoas comuns, habitantes do Império Romano. Depois, com o crescimento do cristianismo, o termo passou a designar os não batizados, os praticantes de religiões politeístas.

Quando, no ano de 380, o cristianismo transformou-se em religião oficial do Império Romano, absorveu e adaptou-se a muitas tradições pagãs. Jesus, por exemplo, não nasceu no dia 25 de dezembro, mas a igreja cristã incorporou a data como o Dia da Natividade. Antes, era a data em que os pagãos celebravam sua divindade, o Sol Invicto. Assim, também na Antiguidade, o que hoje se comemora como Festas Juninas, correspondia a um festival realizado pelos romanos para cultuar os seus deuses.

As origens mais remotas das Festas Juninas são esses rituais realizados no Império Romano pelas populações rurais em homenagem aos deuses propiciadores da fertilidade, das boas plantações e das boas colheitas. Os rituais eram realizados como grandes festivais, durante a passagem do inverno para o verão que, no centro-sul da Europa, acontece no mês de junho. Na ocasião, acendiam-se fogueiras e se soltavam balões, cantava-se e dançava-se. Essas festas celebravam o início do verão, quando ocorre o solstício de verão (no hemisfério norte) e de inverno (no hemisfério sul). Depois, na tradição cristã, as festas passaram a celebrar o dia 13 de junho, data do falecimento de Santo Antônio, o dia 24 de junho, nascimento de São João Batista, e o dia 29 de junho, data da morte de São Pedro.

As Festas Juninas também são comemoradas na Inglaterra, Irlanda, Malta, Ucrânia, França, Itália, Suécia, Dinamarca, Estônia, Finlândia, Letônia, Lituânia, Portugal, Canadá, Espanha, Noruega, Estados Unidos da América, Austrália, Porto Rico e em muitos outros países.

Como tantas outras, as Festas Juninas chegaram ao Brasil com os portugueses, no período colonial. Então, elas já eram muito celebradas na Europa em homenagem a Santo Antônio, São João e São Pedro. Aqui, desde o século XVII, elas foram adaptando-se às condições locais, ao mesmo tempo que foram se formando novas tradições.

Segundo os pesquisadores, as Festas Juninas incorporaram outras tradições e influências de vários países. A dança da quadrilha é de origem francesa; era dançada nos salões das nobrezas europeias. No Brasil, não obstante as radicais *estilizações* mais recentes, os diversos passos da dança ainda são marcados com expressões e palavras francesas. Os balões e os fogos de artifício, marcas imprescindíveis das Festas Juninas, foram inventados pelos chineses. E outras danças e enfeites de fitas, também presentes em outros folguedos, são de origem ibérica. No Brasil, as Festas Juninas, com suas comidas típicas, músicas, danças, enfeites, fogueiras e fogos de artifício, também expressam a interação de elementos da cultura africana, europeia e indígena.

Como os demais folguedos e manifestações da cultura popular, as Festas Juninas também se transformam como consequência dos processos de modernização da sociedade. Entretanto elas ainda evocam sua remota origem rural, embora, às vezes, apenas como uma representação. Ainda se trata de uma festa caipira, em que os participantes das *quadrilhas* dançam fantasiados de camponeses. De fato, os figurinos e as coreografias mudaram muito. Além disso, onde avança o processo de urbanização, as fogueiras e as quermesses de rua diminuem ou desaparecem.

Há, entretanto, um movimento de incorporação das Festas Juninas aos calendários turísticos e ao comércio. Isso tem resultado em uma grande valorização das Festas Juninas na Região Nordeste. Cidades como Campina Grande, na Paraíba, Caruaru, em Pernambuco, e Mossoró, no Rio Grande do Norte, reinventam-se ao mesmo tempo que inventam novas formas de comemorar as festas juninas: grandes fogueiras, gigantescos bailes de forró e histórias de cangaceiros, além de espetáculos musicais, concurso de quadrilhas e quermesses transformadas em imensas *praças de alimentação*. Em São Luís e em Parintins, essa modernização associou os festivais de Bumba meu boi e Boi-Bumbá às Festas Juninas.

Como nos festivais romanos da Antiguidade, no Brasil, as Festas Juninas foram associadas à colheita, à fartura. Especialmente no Nordeste, onde as secas são frequentes. Assim, quando as chuvas são boas, as colheitas são melhores. Então, o período das Festas Juninas é o momento da alegria de renovar o enxoval, de casar e batizar as crianças.

Dependendo do regime de chuvas, a partir de meados de abril já se começa a colheita. O milho é o ingrediente imprescindível para a realização do cardápio de comidas típicas das Festas Juninas. Algumas comidas mudam de nome conforme a região: pamonha, canjica ou curau de milho verde, manuê, milho cozido e assado, pipoca, cuscuz e bolo de milho são apenas alguns exemplos. Também se fazem pés de moleque, cocadas, arroz-doce, bolo de amendoim, bom-bocado e batata doce cozida e assada. As bebidas típicas são os aluás, vinho quente e quentão, uma mistura de aguardente com gengibre, cravo e canela.

Ruas, praças, salões e outros lugares onde se celebram as Festas Juninas são decorados com bandeirolas, fitas e balões. Onde é possível, acendem-se fogueiras e soltam-se balões e fogos de artifício. Nas pequenas cidades do interior e nos sítios, junto ao estrondo das *ronqueiras*, ainda há muitas brincadeiras e *simpatias*. Os mais dispostos disputam a subida no pau-de-sebo; realiza-se a lavagem dos santos, correio elegante, rituais para arranjar um namoro e para afastar a inveja; e, junto da fogueira, são feitos casamentos e batizados, e as pessoas se tornam comadres e compadres.

As celebrações das Festas Juninas também se inscreveram em um amplo movimento que, em meados do século XX, destacaram as especificidades de uma cultura nordestina. O músico Luiz Gonzaga foi o grande mentor desse movimento. Ele, com seus parceiros Humberto Teixeira e Zé Dantas, reinventaram a música na Região Nordeste, compondo baiões, xotes e xaxados que falam de roçados e colheitas, vaqueiros e pegas de boi, secas e chuvas. Essas músicas e as marchinhas juninas formam a trilha sonora que anima as Festas Juninas.

Durante a infância e na juventude, vivi intensamente as Festas Juninas. As ruas transformavam-se em grandes arraiais e quermesses, com brincadeiras, músicas e uma profusão de comidas, como manuês, canjicas e pamonhas. Na frente de cada casa, tinha uma fogueira. Gostava de ajudar a fazer as fogueiras. Também gostava dos fogos de artifício, principalmente, das bombas, traques, *bufa de veia*, chuvisco e estrelinhas. Além das labaredas da fogueira, que me entretinham, ficava fascinado com a beleza dos fogos que os adultos soltavam: vulcões, pistolas, foguetes. Era algo encantador e mágico. Pura beleza, que se completava com o colorido dos balões, bandeirolas e fitas, além da música e da dança.

Também me impressionavam as pessoas que conseguiam atravessar descalças os braseiros da fogueira. Sem entender muito, participava das brincadeiras, do compadrio, casamento e até namoro realizados junto à fogueira. Apreciava as apresentações das quadrilhas, principalmente a encenação do casamento. Na época das festas, em Caxias, tinha o Bumba meu boi, que eu sempre acompanhava, embora correndo com medo do *bicho jaraguá*.

REFERÊNCIAS

CASCUDO, Luís da Câmara. **Dicionário do Folclore Brasileiro.** São Paulo: Global, 2012a.

_____. **Folclore do Brasil.** São Paulo: Global, 2012b.

Sites consultados

http://brasilescola.uol.com.br/datas-comemorativas/festa-junina.htm

brasilescola.uol.com.br/detalhes-festa-junina/origem-festa-junina.htm

www.suapesquisa.com/musicacultura/historia_festa_junina.htm

mundoestranho.abril.com.br/cultura/como-surgiram-as-festas-juninas/

https://pt.wikipedia.org/wiki/Festa_junina

www.megacurioso.com.br/.../44683-voce-conhece-a-origem-das-festas-juninas-saiba-...

www.dm.com.br/cultura/2015/06/as-tradicionais-festas-juninas-do-nordeste.html

CARNAVAL

CARNAVAL – NATAL, 2017. PEDRO DE LIMA.

Não encontrei uma reposta definitiva sobre a etimologia da palavra *Carnaval*. De um modo geral, concorda-se que o seu sentido básico é de *adeus à carne*, que se originaria da expressão latina *carnis levale*. Na tradição cristã, esse adeus à carne marca o início de um grande período de abstinência e jejum.

A origem mais remota do Carnaval estaria na Grécia, entre os anos 600 e 520 A.C., nos cultos a Dionísio. Esse deus é um personagem da mitologia grega que os romanos, quando o Império incorporou a Grécia e sua cultura, chamaram de Baco. Dionísio teve de lutar para ser reconhecido no Olimpo como uma divindade. Ele criou o vinho, estimulou a sua fabricação e o seu consumo. É considerado o deus do vinho e da embriaguez. Um deus diferente, um deus que não segue as regras, que extravasa, extrapola...

Dionísio, há quase 3 mil anos, criou o culto a si mesmo. Inicialmente as mulheres aderiram às suas celebrações, como uma forma de rebeldia diante do patriarcalismo da sociedade grega. Ao frequentar os cultos a Dionísio, elas escapavam da vigilância dos maridos, dos pais e dos irmãos. Depois, os homens também aderiram às celebrações, que duravam vários dias e encerravam-se com uma bebedeira coletiva, em que o sexo era livre. Essas orgias foram chamadas de *bacanais* pelos romanos.

Nesses festejos bacantes, além de sexo e bebida, havia uma teatralização da vida. Naquele momento, o povo aproveitava para criticar e debochar dos seus governantes e das instituições. Então, um pobre ou um escravo vestia-se de rei, o rico vestia-se de pobre, o libertino vestia-se como um sacerdote, a prostituta apresentava-se como uma virgem, os homens vestiam-se como mulheres, e as mulheres, como se fossem homens. O deus Dionísio aprovava e estimulava toda essa encenação com a inversão de papéis. Na Antiguidade, essas festas duravam sete dias nas ruas, praças e casas de Roma. Aí já estavam firmadas as bases em que se desenvolveria o Carnaval.

Na Idade Média, em 590, a Igreja Católica, ao destacar a *quarta-feira de cinzas*, incluiu o Carnaval no calendário religioso marcando os dias que antecedem a Quaresma. Trata-se de um período de festas e de desregramento, já que o período seguinte será de reflexão e abstinência, inclusive de comer carne. Afirma-se também que a festa carnavalesca surgiu a partir da implantação, no século XI, da Semana Santa pela Igreja Católica, antecedida por 40 dias de jejum, a Quaresma. Então, antecipando-se a esse período de privações, as pessoas passaram a buscar todas as formas de prazer, até a terça-feira gorda (o *Mardi Gras*, o Carnaval dos franceses), que antecede a *quarta-feira de cinzas*, o primeiro dia da Quaresma.

Durante o Renascimento, as festas carnavalescas incorporaram os bailes de máscaras (*bal masqués*), com suas ricas fantasias e carros alegóricos, principalmente em Veneza, mas também em Nice e em Paris. Essas cidades influenciaram o desenvolvimento do Carnaval ao redor do mundo. Da *commedia del'arte* europeia, vários personagens, como o Arlequim, a Colombina, o Pierrô e o Rei Momo, foram incorporados ao Carnaval, inclusive, no Brasil. Embora mantenha-se a característica comum da irreverência, da busca do prazer e da extravagância, cada país tem o seu próprio Carnaval, conforme seus costumes.

O Carnaval brasileiro tem a sua origem no Entrudo português, que chegou ao Brasil ainda no período colonial, em meados do século XVII, como parte da cultura lusitana. Além de extravagante e irreverente, o Entrudo caracterizava-se por uma certa violência e pelo excesso de comida.

Há quem considere o Entrudo como uma festa de escravos, que saíam pelas ruas com seus rostos pintados, jogando as bolinhas de água de cheiro, nem sempre tão cheirosas. Também jogavam lama, água suja, ovos e farinha nas outras pessoas.

Há quem diga que os senhores de escravos e as pessoas com alguma posse não participavam do Entrudo, que elas consideravam um *mela-mela* brutal. Não participavam, mas gostariam. Muitos brincavam furtivamente ou ficavam escondidos nas janelas e gelosias, de onde jogavam água e outras coisas nas pessoas que passavam. Eis o que diz Cascudo, em *Folclore do Brasil* (p. 22), sobre o Entrudo:

> O Entrudo que o Brasil conheceu e furiosamente amou veio resistindo quatrocentos anos, Entrudo português, tumultuoso, glutão, insaciável, despejado de maneiras, violento, humaníssimo de alegria, confiança, intimidade, desejo de participação coletiva, fusão de todas as classes, níveis sociais, temperamentos, distâncias de cultura e poder. Todas as liberdades eram permitidas nos dias inconscientes da Saturnália entre católicos. Ensopar o grave transeunte, desmanchar-se a solene cabeleira, por-lhe um rabo de réstias de cebolas, encharcá-lo com água de todas as procedências, sujas, mescladas de imundícies, ou levemente perfumada nas laranjas e limões de cheiro, nas seringas de folha de flandres, latas, farinha do reino, pó de arroz, poeira de carvão, goma de mandioca, graxa de sapatos, fuligem, sebo, tisna de fogão, o vermelho zarcão, anilinas azuis e amarelas. Banhos completos, inopinados, ruidosos, festiva ou indignamente recebidos.

Por ser deselegante, sujo e violento, o Entrudo foi criminalizado em meados do século XIX, no Rio de Janeiro. Simultaneamente, as elites do Império criaram os bailes de Carnaval em clubes e teatros. Criaram também as Sociedades Carnavalescas. A primeira dessas sociedades foi o Congresso das Sumidades Carnavalescas, que passou a desfilar nas ruas da cidade. O Entrudo começava a desaparecer para dar lugar ao Carnaval.

Em contrapartida, ainda no final do século XIX, com a Abolição da Escravatura, a população pobre criou os Cordões e Ranchos. Esses grupos desfilavam pelas ruas com jogadores de Capoeira e com os "Zé Pereiras", que tocavam grandes bumbos. Também andavam fantasiadas pelas ruas e começavam a aparecer os primeiros Blocos Carnavalescos. Em 1910, surgiu o Corso, que era um desfile das classes mais abastadas em carros abertos, que, mais tarde, dariam lugar aos Carros Alegóricos.

Ia tomando corpo um Carnaval mais organizado e também mais popular. As pessoas se fantasiavam, decoravam seus carros e, em grupos, desfilavam pelas ruas das cidades. Ao contrário do Entrudo, agora havia músicas, tanto nos bailes, em que se tocavam polcas, quanto nas ruas, onde as pessoas entoavam marchinhas compostas para aquela ocasião. A marcha-rancho Ó Abre Alas, composta por Chiquinha Gonzaga, em 1899, marcou o início dessa nova etapa do Carnaval, que ficava cada vez mais animado.

Na década de 1920, a consolidação do Carnaval avançou mais um pouco, com a fundação de Escolas de Samba. A primeira, a *Deixa Falar*, que depois se transformou na Estácio de Sá, foi fundada pelo músico Ismael Silva, autor de sambas memoráveis. Na mesma época, também foi criada a *Vai Como Pode*, que deu origem à Portela. Depois surgiram outras escolas de samba no Rio de Janeiro e em São Paulo – e o primeiro concurso para escolher a melhor, em 1929.

Embora essa narrativa refira-se, principalmente, ao Rio de Janeiro, com as diferenças locais, foi o que se passou em todas as regiões do Brasil. O modelo de Carnaval do Sudeste foi sendo adaptado em cada capital de estado e em cada cidade, ao mesmo tempo que se desenvolviam as particularidades locais.

Em Pernambuco, dançam-se e cantam-se sambas e marchas, mas o frevo é arrebatador. Assim, em Recife e Olinda, hoje predominam os blocos de rua, os caboclinhos e os maracatus. Em Recife, uma grande atração é o bloco Galo da Madrugada e, em Olinda, a atração é o desfile dos bonecos gigantes. Em Salvador, o destaque são os trios elétricos e os blocos *afro*, como o Olodum e o Ileyaê, além do *afoxé* Filhos de Gandhi. O Trio Elétrico surgiu em 1950, criado pelos músicos Dodô e Osmar.

Creio, entretanto que, em se tratando de Carnaval, o mais importante é a experiência pessoal vivida. O *seu* Carnaval, a maneira como *você* vive *sua* alegria, a criatividade e a transgressão nos dias de Carnaval. O Carnaval é uma manifestação coletiva, mas ela também é vivida individualmente, o que permite que alguém evoque os *seus* carnavais como os melhores carnavais de todos os tempos. Eu mesmo não me esqueço dos carnavais da minha infância em Caxias. No bairro do Olho D'água, com outros meninos, saíamos em um *bloco de sujo*, fantasiado de mulher; íamos aos bailes no Círculo Operário e no Cassino Caxiense fantasiados de *Pierrot*, com máscaras de plástico colorido; assistíamos ou participávamos dos corsos, em Caxias e em Codó, fantasiados, com lança-perfume na mão e saquinho de confete e serpentina. Os carnavais de Olinda, na década de 1980, também são inesquecíveis!

Escrever sobre o Carnaval, e sobre os outros temas deste livro, foi um aprendizado para mim. O processo de transformação que se verifica no Carnaval está presente, com maior ou menor intensidade, em todas as manifestações culturais. O embate entre a tradição e a modernização verifica-se, claramente, no desfile das escolas de samba. De uma manifestação caótica, anárquica, espontânea, reinventada pelos próprios foliões, essa parte do Carnaval transformou-se nos emblemáticos e esquemáticos desfiles que anualmente se repetem nos sambódromos. Entretanto é necessário destacar que essa transformação trouxe uma nova vitalidade ao desfile das escolas de samba. E a perda de espontaneidade foi compensada por um grande e belo espetáculo.

Os folguedos populares transitam, assim, em meio à tradição e à contradição. Eles sobrevivem à medida que se transformam. Semelhante ao que acontece nos movimentos sociais, esses folguedos criados e vividos por pessoas ou pela comunidade tendem a se institucionalizar ou a se transformar em mercadorias. *"Tudo o que é sólido se desmancha no ar."* Tudo: ou se refaz de um modo diferente ou se extingue.

REFERÊNCIAS

CASCUDO, Luís da Câmara. **Dicionário do folclore brasileiro.** São Paulo: Global, 2012a.

_____. **Folclore do Brasil.** São Paulo: Global, 2012b.

Sites consultados

http://scl.io/otnW5CSa#gs.Q6VqAxQ

https://pt.wikipedia.org/wiki/Dioniso

www.suapesquisa.com/mitologiagrega/dionisio.htm

greciaeteatro.blogspot.com/2012/09/o-culto-dioniso.html

https://pt.wikipedia.org/wiki/Bacanal

super.abril.com.br/historia/bacanais-eram-festas-em-homenagem-a-baco/

mundoestranho.abril.com.br/cultura/qual-e-a-origem-do-carnaval/

brasilescola.uol.com.br/carnaval/historia-do-carnaval.htm

https://noticias.terra.com.br/.../quais-as-origens-do-carnaval-no-brasil-e-no-mundo,f8...

brasilescola.uol.com.br/carnaval/historia-do-carnaval-no-brasil.htm

https://pt.wikipedia.org/wiki/Carnaval_do_Brasil

garimpandopalavras.blogspot.com/2009/02/origem-do-carnaval-no-brasil.html